STAATSINSTITUT FÜR SCHULPÄDAGOGIK
UND BILDUNGSFORSCHUNG
MÜNCHEN

Handreichung zum Rechtschreibunterricht in der Grundschule

Auer Verlag GmbH

Erarbeitet im Auftrag des
Bayerischen Staatsministeriums
für Unterricht und Kultus

Der Veröffentlichung wurde
mit KMS vom 08. Oktober 2001
Nr. IV/1-S7402/2-4/102671 zugestimmt.

Herausgeber:

Staatsinstitut für Schulpädagogik und Bildungsforschung,
München

Anschrift:

Staatsinstitut für Schulpädagogik und Bildungsforschung,
München

Abteilung Grund- und Hauptschule
Arabellastr. 1
81925 München
Fax: (0 89) 92 14 -25 55

Herstellung und Vertrieb:

Auer Verlag GmbH
Postfach 11 52
86601 Donauwörth
Telefon (09 06) 73-2 40
(09 06) 73-2 41
Telefax (09 06) 73-1 77

1. Auflage. 2002

Gesamtherstellung: Ludwig Auer GmbH, Donauwörth
ISBN 3-403-0**3816**-5

Inhaltsübersicht

Vorwort

Seit langem herrscht stillschweigende Unzufriedenheit mit den Rechtschreibleistungen unserer Kinder in der Grundschule. Obwohl wir wöchentlich sehr viel Zeit auf die Einübung und Sicherung des Grundwortschatzes investieren, werden die eingeübten Wörter nur kurzzeitig gespeichert und uns erschrecken die Orthografiefehler vor allem in den Aufsätzen und in freien Texten der Kinder. Es stellt sich automatisch die Frage nach der Effektivität unseres Rechtschreibunterrichts mit der Sicherung eines Grundwortschatzes durch wöchentliche Nachschriften und der gelegentlichen Behandlung eines besonderen Rechtschreibfalles.

Der Lehrplan 2000 bricht nun mit den uns lieb gewordenen Traditionen. Die veränderte Konzeption des Rechtschreibunterrichts und sein Stellenwert im Lehrplan ist eng verknüpft mit dem neuen Konzept des Schriftspracherwerbs. Die veränderte Sicht des Fehlers, der Ansatz *von der Sprache zur Schrift*, die Forderung *Schreiben von Anfang an auch ohne Orthografiekenntnisse* - diese lernbereichsübergreifenden Ansätze im Lehrplan Deutsch dienen gleichzeitig einer Prävention von Lese- und Rechtschreibschwierigkeiten.

Die Wissenschaft hat sich endgültig von der Wortbildtheorie verabschiedet. Das Einprägen einer gewissen Anzahl von Wörtern - wie bisher Grundwortschatzarbeit definiert war - reicht nicht aus, um die Schüler mit grundlegenden Rechtschreibstrategien vertraut zu machen. Damit wird der gängigen Nachschriftenpraxis eine Absage erteilt. Wie aber soll dann Rechtschreibunterricht in der Grundschule praktiziert werden?

Die vorliegende Handreichung will Ihnen Wege zu einem effektiveren Rechtschreibunterricht aufzeigen. Dabei werden in einem ersten Teil theoretische Grundlagen erörtert, die für die Konzeption des Bereichs Richtig schreiben im Lehrplan 2000 ausschlaggebend waren. Erkenntnisse aus der wissenschaftlichen Forschung - wie Kinder Rechtschreiben lernen - aber auch grundlegendes Wissen über die deutsche Orthografie waren die Bestimmungsfaktoren für die Veränderung des Rechtschreibunterrichts in der Grundschule. Wenn Sie als Lehrkraft über dieses Basiswissen verfügen, werden Sie den Deutschlehrplan 2000 mit einer neuen Brille lesen und adäquat umsetzen können.

Der zweite Teil der Handreichung will Ihnen für den Anfang unterrichtspraktische Tipps und Hilfestellung für einen veränderten Rechtschreibunterricht geben. Die Gliederung orientiert sich dabei an den Inhaltsbereichen und Inhalten des Lehrplans. Die praktischen Beispiele zeigen Ihnen Möglichkeiten auf, die Inhalte des Lehrplans zu verwirklichen. Sie sollen gleichzeitig aber auch nur Anregungen sein und Sie ermutigen, Neues auszuprobieren, eigenen Ideen zu verwirklichen und Sie unterstützen, sich auf einen neuen Weg zu begeben.

Aus Gründen der besseren Lesbarkeit werden in dieser Handreichung in der Regel die Bezeichnungen Schüler, Lehrer usw. synonym für weibliche und männliche Personen gebraucht.

Karin Olesch, Leiterin des Arbeitskreises

München 2001

Teil I: Grundlagen für einen effektiven Rechtschreibunterricht

In der Rechtschreibdidaktik hat ein so genannter „Paradigmenwechsel" stattgefunden, d. h., es haben sich auf allen Ebenen gravierende Neuerungen ergeben.
Aus Sicht der Lernpsychologie wird der Lernende in keiner so passiven Rolle im Lernprozess mehr gesehen. Er ist nicht mehr derjenige, der neue Inhalte nur aufnimmt und reproduziert. Vielmehr beachtet man den in der lernenden Person stattfindenden Denkprozess stärker. Jeder Lernende verbindet neue Informationen mit seinen eigenen Vorstellungswelten und „konstruiert" sich damit eine neue, eigene Sicht der Dinge. Man nennt diese Lerntheorie Konstruktivismus. Eine für den Schüler neue Vorstellung von Zusammenhängen kann, muss aber nicht, mit den Erklärungsmustern des Lehrenden übereinstimmen.

> *Beispiel: Ein Bekannter erzählt einem Freundeskreis von seiner Reise in den Himalaya und beschreibt die beeindruckende Bergtour. Die Vorstellungen der Zuhörer von „Bergen" unterscheiden sich aber erheblich: Einer kennt lediglich die Mittelgebirge, ein anderer die Alpen, ein Dritter hat gerade eine Filmdokumentation über den Himalaya im Fernsehen gesehen. Im Kopfe jedes Zuhörers wird ein anderes Bild, eine andere Vorstellung darüber entstehen, was der Freund tatsächlich erlebt hat.*

Auch die Betrachtungsweise über den Sachgegenstand, die deutsche Orthografie, hat sich verändert. Während sie bisher häufig als „Schulkreuz" (u. a. Adrion 1978, S. 13), als verwirrend und von vielfältigen, sich widersprechenden Regeln beschrieben wurde, richtet sich heute der Blick stärker auf die Regelmäßigkeiten. Regelmäßiges von Unregelmäßigem zu unterscheiden und klar abzuheben stellt die Grundlage des Lehrplans 2000 dar.

Im Folgenden werden zunächst die Ziele des Rechtschreibunterrichts genannt, dann die neuen Erkenntnisse dargestellt, die über das Erlernen des Rechschreibens gewonnen wurden, und anschließend die orthografischen Zusammenhänge beschrieben.

1 Ziele des Rechtschreibunterrichts

Im Lehrplan 1981 wurde Rechtschreiben als eigenständiger Bereich des Deutschunterrichts ausgewiesen. In der Praxis sah es so aus, dass bis zu 50 % der Deutschstunden für diesen Bereich verwendet wurden, da das Rechtschreiben besonders für den Übertritt an weiterführende Schulen zu einem Selektionsinstrument geworden war.
Im Lehrplan 2000 hat es hier eine Akzentverschiebung gegeben. Jetzt wird *Richtig schreiben* dem Bereich **Für sich und andere schreiben** untergeordnet. Dadurch findet eine deutliche Verschiebung des Stellenwerts statt, denn übergeordnet ist die Zielsetzung *Für sich und andere schreiben*. Die Schüler sollen erfahren, „dass Schreiben für sie sinnvoll und bereichernd ist. Die Freude am Verfassen von Texten soll geweckt und erhalten werden." (Vgl. LP 2000, S. 27) Bereits beim Schriftspracherwerb soll diese Forderung umgesetzt werden. Damit das in zunehmend normgerechter Form möglich ist, setzt sich das Kind entsprechend seiner Entwicklungsstufe (vgl. I/2.1.1 Stufenmodell des Rechtschreibens) mit den Regeln der Schriftsprache auseinander.

Am Anfang der Lehrplanarbeit stand die entscheidende Frage „Wozu soll ein guter Rechtschreibunterricht unsere Kinder befähigen?"

Bei der Beantwortung dieser Frage waren es die Erkenntnisse der Didaktiker der letzten 15 Jahre, die den Weg für die Lehrplanarbeit wiesen: G. Augst, H. Brügelmann, M. Dehn, Chr. Mann, W. Menzel, C.L. Naumann, G. Scheerer-Neumann, Ch. Röber-Siekmeier sollen hier stellvertretend für die vielen genannt werden, die sich in diesem Bereich einen Namen gemacht haben.

1.1 Das sollte ein effektiver Rechtschreibunterricht leisten

- Kinder sollen zum Verfassen eigener Texte motiviert und befähigt werden.
- Kinder sollen durch die Aneignung von Rechtschreibstrategien befähigt werden, sich die Schreibweisen zunehmend eigenständig zu erschließen.
- Kinder sollen durch die Aneignung wichtiger Arbeitstechniken effektiver und ökonomischer arbeiten. Zu diesen Arbeitstechniken gehören:
  - das richtige Aufschreiben (= bewusstes Abschreiben; vgl. II/3.1 Richtig aufschreiben)
  - das Nachschlagen in Wörterlisten und Wörterbüchern
  - das Berichtigen von Fehlern
- Kinder sollen für Fehler sensibel werden und im Laufe der Zeit ein orthografisches Problembewusstsein entwickeln.
- Kinder sollen in ihrer Selbstständigkeit und Selbstverantwortung gefördert werden, um so eine erhöhte Rechtschreibkompetenz zu erlangen.

Können nun diese Ziele durch die bislang hauptsächlich vorhandene Nachschriftenpraxis erreicht werden?

1.2 Gründe gegen die vorwiegende Verwendung der Nachschriften

Die große Neuerung im Lehrplan 1981 war der Grundwortschatz mit seinen 1000 häufigsten Wörtern, die die Grundlage für das rechtschriftliche Arbeiten darstellten. Der in den Hinweisen zum Unterricht stehende Satz „Nachschriften sollen in der Regel nur nach eingehender Vorbereitung geschrieben werden" machte die Übungsform der Nachschrift, die eigentlich nur als eine unter anderen gedacht war, in kürzester Zeit zur alleinigen Übungsform.
Im Laufe der Zeit mehrten sich die kritischen Stimmen zu dieser Nachschriftenpraxis (vgl. Aufruf des Arbeitskreises Grundschule im Januar 1998 „Fördert das Rechtschreiben - Schafft die Klassendiktate ab").

Folgende Argumente müssen gegen den überwiegenden Einsatz von Nachschriften angeführt werden:

- Es fehlen authentische Schreibanlässe. Wann muss ein Kind sonst nach Diktat schreiben?
- Der Standort des einzelnen Schülers wird durch zu wenig individuelle Differenzierung nicht berücksichtigt. → Unterforderung leistungsstarker und Überforderung leistungsschwacher Schüler
- Das richtige Verhältnis von aufgewendeter Zeit und Effektivität der Übung ist selten gegeben.
- Der gleichförmige Ablauf des Übens favorisiert das mechanische Üben, fördert aber nicht das selbstständige Erkunden und die Haltung „Ich-will-richtig-schreiben".
- Es geht häufig um ein „Abarbeiten" des Grundwortschatzes, nicht aber um die Vermittlung der damit verbundenen Strategien.

- Bei der Arbeit mit Nachschriften werden die Lerngesetze zu wenig berücksichtigt. Das Wiederholen in bestimmten zeitlichen Abständen und das Verknüpfen der wortspezifischen Informationen kommen zu kurz.
- Fehler werden meist als Defizite, aber nicht als Indikatoren gesehen.

Die Zielsetzung im neuen Lehrplan wird deshalb folgendermaßen formuliert:
„Der Umgang mit dem GWS zielt auf die Vermittlung der ausgewiesenen Rechtschreibstrategien. Durch vielfältige wortspezifische Übungen sollen die Schüler die zu Grunde liegenden Strategien erkennen und diese beim selbstständigen Verfassen und Überarbeiten von Texten anwenden. Die Nachschrift ist dafür keine geeignete Übungsform. Sie dient allenfalls als Grundlage für ein Aufschreibtraining." (Vgl. LP 2000, S. 294)

1.3 Wortspezifisches Üben

Im Sinne eines ganzheitlichen Lernens ist es grundsätzlich wichtig, dass alle Lernkanäle des Kindes angesprochen werden. Beim Erfassen eines Wortes können die Zugangswege visuell, auditiv, sprechmotorisch, schreibmotorisch und kognitiv sein. Entscheidend ist nun, mit welchen Hilfen jeweils bei dem einzelnen Wort gearbeitet wird. Bei dem Mitsprechwort *Tomate* hilft das genaue Sprechen, Zergliedern in Silben mit dem sich ergebenden Sprechrhythmus, das Abhören der einzelnen Laute und die schreibmotorische Umsetzung der einander zugeordneten Phoneme und Grapheme. Beim Schreiben des Wortes *Mäuse* hilft vorrangig die kognitive Nachdenkhilfe: *Mäuse* → *von Maus: äu von au.* Beim Einprägen des Merkwortes *fahren* ist das genaue Erfassen der Merkstelle *ah* mit dem entsprechenden Kommentar *„Das Wort fahren schreibe ich mit ah"* wichtig.
Das heißt für Lehrkräfte, dass sie das zu übende Wortmaterial hinsichtlich der verstärkt zu verwendenden Zugangswege genau überlegen müssen, um so der Forderung nach wortspezifischem Üben gerecht zu werden.

2 Wie lernen Kinder Rechtschreiben?

Rechtschreiblernen ist ein komplexer und zeitlich lang andauernder Prozess, der letztendlich nie zu einem Abschluss gelangt. Auch erwachsene, kompetente Schreiber machen Fehler! Zur Erklärung des Erlernens während der Grundschulzeit werden unterschiedliche Modelle herangezogen, die sich gegenseitig ergänzen. Bevor diese Modelle dargestellt werden, soll die alte Theorie kurz wiederholt werden, damit sich das Neue deutlicher absetzen kann.

Alte Vorstellung: Bisher war die Vorstellung vom Rechtschreiblernen stark von der „Wortbildtheorie" (Bormann 1840, später: Kern) beeinflusst. Hier herrschte die Meinung vor, dass sich die Kinder jedes Wort „einprägen". Diese Einprägung sollte möglichst tief und deutlich – wie bei einer Münze – sein. Um zu dieser genauen Einprägung im Schülerhirn zu gelangen, hielt man es für notwendig, die Wörter auf akustische, visuelle, motorische und bedeutungssichernde Weise zu üben. Dadurch erhoffte man sich, auch die unterschiedlichen Lerntypen unter den Schülern zu erreichen. Die Wortbildtheorie führte dazu, dass Schüler vor falschen Wortbildern (Fehlern) bewahrt bleiben sollten, damit sich diese nicht einprägen können. Parallel dazu suchte man in der Legasthenieforschung nach Schwächen der Schüler, die sich auf die grundlegenden Wahrnehmungsfunktionen beziehen, z. B. die mangelnde Fähigkeit optisch oder akustisch zu gliedern. In dieser Vorstellung des Lernprozesses wurde dem regelgeleiteten Lernen eher geringer Wert beigemessen.

Neue Vorstellung: Seit Beginn der 80er-Jahre wird diese Theorie in Frage gestellt. Ins Wanken geriet die Wortbildtheorie vor allem durch die Beobachtung von sog. „Frühschreibern". Dies waren Kinder, die z. T. weit vor Schuleintritt begannen selbstständig schreiben und lesen zu lernen. Die Kinder durchliefen alle ähnliche Stufen oder Phasen, allerdings unterschied sich die Verweildauer in jeder einzelnen Stufe deutlich. Diese Kinder wurden nicht „unterrichtet", sondern erwarben die Schriftsprache in ähnlicher Weise wie die mündliche Sprache. Sie benutzten die Schrift einfach, auch in – an der Norm gemessen – unvollkommenen Vorformen, z. B. *BL* für „Ball" oder etwas später *Toam* für „Turm". So entstand der Begriff „Schrift-Spracherwerb" parallel zum mündlichen Spracherwerb. Auch beim Sprechenlernen nützen die Kinder unvollkommene Vorformen wie „Ba" für „Ball". Je länger sich diese Kinder mit Schrift auseinander setzten, um so differenzierter und normangepasster wurden ihre Schreibweisen. Durch den Lernprozess dieser Kinder wurde deutlich, dass sie die Wörter von sich aus konstruieren, sich Wörter also nicht „einprägen". Ihre Wortformen konnten sie ja nicht gesehen haben. Für diesen Konstruktionsprozess spricht auch, dass Kinder dasselbe Wort in unterschiedlichem Kontext auf sehr unterschiedliche Art und Weise schreiben.

2.1 Modelle zum Rechtschreiblernen

Die verschiedenen Modelle sind ergänzend, nicht konkurrierend zu verstehen. Das Stufenmodell zeigt den zeitlichen Lernverlauf vom Anfänger zum Könner, das Prozessmodell die verschiedenen Denkvorgänge beim Akt des Schreibens und das ökologische Feldmodell berücksichtigt Rahmenbedingungen, die außerhalb der Person des Lernenden zu berücksichtigen sind.

2.1.1 Stufenmodell des Rechtschreibens

Hierbei handelt es sich um **zeitliche Entwicklungsmodelle**, die von verschiedenen Autoren etwas unterschiedlich eingeteilt und dargestellt werden. Diese Unterschiede ergeben sich einerseits aus dem Forschungsansatz (Längsschnittuntersuchung der Fehlschreibungen vieler Schüler oder Fallstudie bei einzelnen Kindern). Andererseits unterteilen Autoren diese Stufen oder Phasen mehr oder weniger differenziert und bezeichnen sie unterschiedlich, je nachdem, ob sie von der Sachstruktur oder den Denkhandlungen des Kindes her argumentieren.

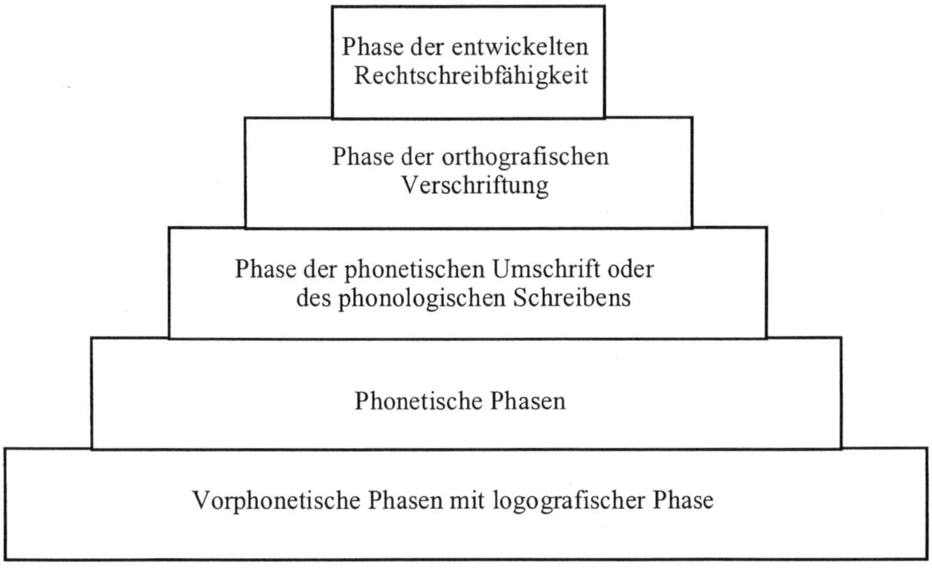

Vorphonetische Phasen mit logografischer Phase - Schuleintritt
Die Kinder haben verstanden, dass die Schrift eine „Aufbewahrungsfunktion" hat, also Gemeintes dauerhaft darstellen kann. Des Weiteren haben sie erfasst, dass die Zeichen der Schrift (Buchstaben) immer wieder Verwendung finden. Sie verstehen Schrift aber noch bildlich oder als grafisches Zeichen (als „Logo", deshalb: logografische Phase). Sie haben noch nicht verstanden, dass die Buchstaben der geschriebenen Sprache Lauten der gesprochenen Sprache (deshalb: **vor**-phonetisch) entsprechen. Ein Teil unserer Schulanfänger befindet sich noch auf dieser Stufe: So schreiben die Kinder ihren Namen als auswendig gelernte Zeichenfolge.

Phonetische Phasen (auch alphabetische Verschriftung genannt) - Jgst. 1
Der Eintritt in phonetische Phasen ist vollzogen, wenn die Kinder verstanden haben, dass in der Schrift nicht ganze Wörter (Bedeutungen) verschriftet werden, sondern einzelne Laute in Buchstaben übertragen werden. Ist diese Grundeinsicht vollzogen, so verschriften die Kinder ihre eigene Sprache zunächst unvollkommen, später immer differenzierter. Die Handlungen können als „Übersetzungen" von gesprochener in geschriebene Sprache verstanden werden. Zunächst erfolgt häufig eine Skelett-Schreibung: *M* oder *MT* (=Mutter). Zu Beginn des Lernprozesses werden besonders häufig die Vokale weggelassen. Bei fortschreitendem Lernprozess werden immer mehr Buchstaben verschriftet, bis die Schreibung der gesprochenen Sprache vollständig entspricht: *Fata* (Vater)

Phase der phonetischen Umschrift oder **des phonologischen Schreibens** - Jgst. 1, z. T. Jgst. 2
Inwieweit diese Phase als selbstständige Stufe oder zur vorherigen oder nachfolgenden Stufe zu rechnen ist, soll akademischen Diskussionen vorbehalten bleiben. Für den Lehrer ist sie insofern von Bedeutung, als sich hier beim Kind eine neue Erkenntnis anbahnt: Um korrekt zu schreiben, darf ich mich nicht **nur** an der Lautung orientieren. Hier erkennen die Kinder dann, dass auch die zweite, abgeschwächte Silbe einen Vokal enthält, z. B.: sagen (statt: sagn). Nur schwer hörbare Laute werden verschriftet, z. B.: Ga**r**ten (statt: *Gaten*), übergenaue Verschriftungen nehmen ab, z. B.: *Baoum* wird Baum oder orthografische Sonderschreibungen werden eingebaut, z. B. x statt ks, v statt f oder ie statt i. Dies erfolgt aber noch nicht normgerecht und durchgehend. Häufig kommt es zu „Übergeneralisierungen", d. h. eine neue Einsicht wird auch auf solche Fälle übertragen, die nicht der Norm entsprechen: Da das Kind gelernt hat, dass am Wortende häufig –er steht (Mutter, Vater, ...) schreibt es jetzt auch *liler* (lila) oder *Laver* (Lava).

Phase der orthografischen Verschriftung (Schrift ist keine 1:1–Zuordnung von Laut und Buchstabe) - Jgst.2 – 4
Dieser Begriff wird in der Literatur unterschiedlich gebraucht. In dieser Handreichung sind darunter <u>alle</u> von der Lautung abweichenden Schreibungen zu verstehen. Die Kinder gewinnen Einsichten darüber, dass man gleiche Wörter immer gleich schreibt, unabhängig davon, in welcher Wortform sie auftreten (Flexion, Zusammensetzung), dass man Nomen und am Satzanfang groß schreibt und dass Vokallänge und –kürze gelegentlich eine besondere Kennzeichnung erhalten.

Phase der entwickelten Rechtschreibfähigkeit - bei *einzelnen* Kindern ab Jgst. 3
Auf diese Phase wird in der Literatur nur selten verwiesen; sie weist sicher auch schon über die Grundschule hinaus. Als „entwickelte" Rechtschreibfähigkeit kann man es aber sicher nur bezeichnen, wenn Kinder neben mehr oder weniger sicheren Einsichten über orthografische und morphematische Zusammenhänge auch grammatikalische Regeln weitgehend selbststän-

dig beherrschen. Darüber hinaus sollten sie ein Problembewusstsein entwickeln, ein Gespür dafür, wann ein Wort „anders als normal" (z. B. Fremdwörter) geschrieben wird. Nur wer über ein entsprechendes Problembewusstsein verfügt, kann die Schreibung eines Wortes erfragen oder im Wörterbuch nachschlagen. Zum Erwerb dieses Problembewusstseins ist aber in der Rechtschreibdidaktik noch wenig bekannt.

Wichtig für das Verständnis der Stufenmodelle ist Folgendes:

1. Die Grundeinsicht einer niedrigeren Stufe muss unbedingt vorhanden und in gewissem Maße automatisiert sein, um die Einsichten einer aufbauenden Stufe überhaupt erfassen zu können.

   Beispiel:
   Solange ein Kind noch keine Einsicht in den Lautbezug der Schrift erlangt hat, ist jede Abschreibübung von Wörtern für das Kind ohne Lerneffekt. Es wird die Wörter „abmalen", d. h., wenn es „Oma" abschreibt, dann malt es einen Kreis, einen Strich mit zwei Bogen und einen weiteren Kreis mit Strich. Selbst wenn es die einzelnen Buchstaben benennen kann, aber das Prinzip noch nicht verstanden hat, wird diese Schreibübung über eine motorische Übung nicht hinausreichen. Zu erwarten ist, dass das Kind in einigen Wochen dieses Wort nicht mehr richtig schreiben kann, obwohl es „so oft geübt" wurde. Die Verschriftung mit OM (Skelettschreibung) zu einem späteren Zeitpunkt muss also als Lernfortschritt gewertet werden. Jetzt hat das Kind den Laut-Buchstaben-Bezug verstanden.

2. Diese Stufen sind nicht als „Treppen" in dem Sinne zu verstehen, dass ein Kind bei jedem Wort und in jeder Schreibsituation auf dem Niveau schreibt, auf dem es sich gerade befindet. Es können sowohl Rückschritte auf eine niedrigere Stufe erfolgen als auch einzelne Wörter richtig verschriftet werden, obwohl das Kind noch nicht über die generelle Einsicht für den Grund einer Schreibweise verfügt.

   Beispiel 1: Rückschritt bei unterschiedlicher Schreibsituation
   Kinder schreiben häufig in unterschiedlichen Situationen dasselbe Wort auf unterschiedliche Weise. Wenn Kinder der Jahrgangsstufe 1 z. B. im wöchentlichen Tagebuch etwas aufschreiben, dann sind sie auf den Inhalt konzentriert und schreiben „die" ohne <ie>. Fragt man anschließend, wie man „die" schreibt, können sie durchaus angeben, dass man es mit <ie> schreibt. Sie kennen die Schreibweise, diese ist allerdings noch nicht so automatisiert, dass die Schreibung bei Konzentration auf andere Aspekte des Schreibens realisiert würde, wie dies bei bewusstem, auf Rechtschreibung konzentriertem Schreiben geschehen würde.

   Beispiel 2: Vorgriff
   Kinder schreiben einzelne Wörter richtig, häufig solche, zu denen sie einen besonderen emotionalen Bezug haben, obwohl sie noch keinen Einblick in die Gründe der Schreibweise haben. So schrieben Erstklässer „Teddy" durchgehend richtig, weil ein Teddy als Klassenfigur das Lernen täglich begleitete und von den Kindern sehr geschätzt wurde. Selbst als der seltene Buchstabe „y" noch nicht und später nicht mehr von allen Kindern benannt werden konnte, schrieben sie das Wort richtig. So können Kinder einzelne Wörter als Ganzes gespeichert haben, obwohl sie die Mehrzahl der Wörter noch phonetisch konstruieren.

3. Der Lehrer kann sowohl durch Beobachtung des Schreibprozesses als auch an den Rechtschreibfehlern erkennen, auf welcher Stufe sich das Kind „im Allgemeinen" befindet. Als Beobachtungsgrundlage eignen sich Texte besser, die von den Kindern selbst erfunden wurden, da die Kinder hier vor allem zeigen, was sie schon weit gehend automatisiert haben. Diktierte Einzelwörter bieten sich an, um immer wieder einen Überblick über die Fortentwicklung im Lernprozess zu erhalten. Hier stellt die Verschriftung von lauttreuen Wörtern die Grundlage dar (Tomate, Hose, Hut usw.). Als nächsten Schritt können phonologische, also regelmäßig auftretende Sonderzeichen der Schrift betrachtet werden (Leute, reiben, Stufe usw.). Die Verschriftung des <ie> und des schwer hörbaren <r> erfolgen bei den meisten Kindern vor der Mitlautverdopplung. Als Besonderheiten, die nicht regelgeleitet, sondern für das einzelne Wort gemerkt werden müssen, können Dehnungs-h, doppelter Selbstlaut und die Schreibung mit <ß> und <v> (im Wortstamm) und einige andere Randbereiche gelten. (Siehe I/3 Prinzipien der deutschen Orthografie)

Zusammenfassung:
Das Stufenmodell zeigt, dass Kinder sich aktiv in inneren Denkvorgängen ihr Bild gestalten, wie Schrift und Schreiben funktionieren. Dabei kommt es immer wieder zu Neuorientierungen. Diese Stufen werden von den meisten Kindern in ähnlicher Form durchlaufen, wobei die Verweildauer auf einer Stufe aber sehr unterschiedlich sein kann. Zu einem bestimmten Zeitpunkt im Lernprozess beschreiben die Stufen eine dominierende Vorstellungswelt des Kindes. Für einzelne Wörter oder in unterschiedlichen Situationen kann ein Kind allerdings auf eine Vorstufe zurückfallen oder über die beherrschte Stufe hinausweisen. (Vgl. Spitta, Brügelmann)

2.1.2 Prozessmodelle des Rechtschreiblernens

So genannte Prozessmodelle betrachten weniger die zeitliche Abfolge, sie versuchen zu erklären, welche Denkprozesse beim Schreiben ablaufen. Dabei beziehen sie sich einerseits auf die Hirnforschung, andererseits auf den Sachgegenstand, also die orthografischen Grundlagen. Stufenmodelle und Prozessmodelle widersprechen sich nicht, sondern unterscheiden sich nur durch die Betrachtungsweise.

Grundsätzlich werden zwei verschiedene geistige Prozesse beim Schreiben angenommen. Ein Teil der Wörter wird nach „inneren Regelbildungsprozessen" konstruiert, ein Teil der Wörter wird aus einem „inneren orthografischen Lexikon" abgerufen. (Vgl. Augst, Dehn, Scheerer-Neumann) Diese „inneren Regelbildungen" beschreiben die Vorstellungen, die sich Kinder über orthografische Zusammenhänge machen (siehe I/2.2 Strategien der Kinder). Dabei folgen die Kinder generellen Zusammenhängen, die sie sich über das orthografische System gebildet haben. Diese können (teilweise) richtig oder (teilweise) falsch sein und ändern sich immer wieder. Die Kinder erwerben diese inneren Vorstellungen (auch „Hypothesenbildung" genannt) über orthografische Zusammenhänge durch Generalisierungen von beobachteten Schreibweisen und durch unterrichtliche und/oder außerunterrichtliche Erklärungen. Abhängig davon, welcher Hypothese sie folgen, konstruieren sie die Schreibweise von Wörtern.

Neben diesen konstruierten Schreibungen erwerben die Kinder immer mehr Wörter vollständig; diese Wörter werden dann automatisiert geschrieben. Sie sind Eintragungen im „inneren orthografischen Lexikon". Bei der Schreibung dieser Wörter muss man nicht mehr nachdenken. Am Anfang des Lernprozesses sind dies wohl besonders häufige oder für das Kind besonders bedeutsame Wörter.

Beispiel:
Ein Kind schreibt folgenden Satz: „am sontak haben wir gegen den FCK Fußball geschbilt." Das Kind hat die Abkürzung und „Fußball" aus dem inneren Lexikon geschrieben („Das weiß ich, weil ich einmal ein großer Fußballer werden will!"), während es die übrigen Wörter seiner voll entfalteten alphabetischen Strategie folgend konstruiert hat.

Die Konstruktionen werden in einigen Prozessmodellen der linken, die ganzheitlichen Schreibungen der rechten Gehirnhälfte zugeschrieben. Die Prozessmodelle wollen den Weg zu immer normgerechteren Schreibweisen erklären. Deshalb stellen sie einen Bezug zum orthografischen System her:

- Als Grundprinzip kann gelten, dass die Schrift auf der Lautung fußt. Einige Wörter können allein wegen ihres Sprachklangs richtig geschrieben werden. Dies sind natürlich in erster Linie „lauttreue" Wörter (z. B. rot). Aber auch andere klanglich motivierte Bereiche finden in der Schrift eine regelmäßige Entsprechung, z. B. die Mitlautverdopplung (siehe I/3.2 Das silbische Prinzip). Nur sind hier die Regularitäten komplizierter.
- Zweitens hält die Schrift mehr bzw. andere Informationen bereit als die mündliche Sprache. So werden z. B. die einzelnen Wörter durch Abstände markiert, während in der gesprochenen Sprache hier keine Grenzen erkennbar sind, sondern in einem fließenden Lautstrom gesprochen wird. Außerdem werden Wortstämme gleich geschrieben (z. B. Auslautverhärtung, Umlautung), damit der Leser die Bedeutung des Wortes schneller erkennen kann. Dabei darf die Orthografie der Lautung aber nicht widersprechen; z. B. darf man die Vergangenheitsform „kam" (von kommen) nicht mit <mm> schreiben, weil der Vokal lang klingt. Die Gleichschreibung des Wortstammes ist dem Grundprinzip der Lautentsprechung also untergeordnet.
- Drittens ergaben sich in der Schrift Gewohnheiten, die heute mit keiner Regel zu fassen sind, z. B. wurden Wörter in früheren Jahrhunderten anders gesprochen, der damaligen Lautung entsprechend geschrieben, und diese Schreibweise hat sich erhalten, obwohl sich die Sprechweise verändert hat, z. B. wurde früher häufiger ein /ch/ gesprochen, das heute als <h> noch erhalten ist. Ebenso wurde nach einem /i/ öfter ein ablautendes /e/ gesprochen. Beides ist in <Vieh> enthalten, das man früher /fiech/ sprach. Hieraus ergeben sich Merkschreibungen wie bei Fremdwörtern, die nach der Herkunftssprache geschrieben werden.

Um (weit gehend!) richtig und zügig schreiben zu können, hat der Schreiber einerseits eine große Anzahl von Wörtern automatisiert, er schreibt diese aus seinem inneren orthografischen Lexikon. Andererseits hat er die Regularitäten der Schrift (die ersten beiden Punkte) so sicher erfasst, dass er sich im Zweifelsfall Wörter, die ihm wenig geläufig sind, konstruieren kann. Sonderschreibungen hat er sich entweder gemerkt (oft unter der Betonung des Besonderen; man spricht/denkt innerlich mit: „Thermometer mit Th am Anfang!"), oder er hat eine vage Erinnerung daran, dass an einem Wort etwas ungewöhnlich geschrieben wird und schlägt nach – oder: Er schreibt das Wort eben falsch. Das Rechtschreiben erst lernende Grundschulkind unterscheidet sich von dieser Beschreibung nur graduell: Es hat eben weniger Wörter automatisiert und weniger Regularitäten sachangemessen zur Verfügung.

Zusammenfassung:
Das Prozessmodell versucht den konkreten Schreibvorgang zu erklären. Danach werden einige Wörter nach mehr oder weniger normgerechten inneren Regularitäten konstruiert und einige Wörter aus einem inneren orthografischen Lexikon abgerufen. Wörter, die sich in

diesem inneren Lexikon befinden, sind meist häufig oder für das Kind emotional bedeutsam und können mit Vorstellungen, die sich das Kind über orthografische Zusammenhänge schon gemacht hat, verbunden werden; d. h. ein Wort wird um so leichter automatisiert, wenn die Schreibweise auch mit einer Regel verknüpft wird, die das Kind schon verstanden hat.

2.1.3 Ökologisches Feldmodell

Die bisher dargestellten Modelle konzentrieren sich vorwiegend auf die Zusammenhänge, die innerhalb des lernenden Kindes ablaufen, bzw. setzen diese mit dem orthografischen System in Verbindung. Damit erklären sie aber nur zu einem Teil, wenn auch einem wichtigen, die Unterschiede, die zwischen den Rechtschreibleistungen der Kinder auftreten. Daneben sind aber auch andere Faktoren von Bedeutung, nämlich solche, die sich aus dem sozialen Umfeld des Kindes ergeben. Besonders genau wurde dies für die Anfangsphase des Schriftspracherwerbs erforscht. Hierbei zeigte sich, dass die Vorerfahrungen eine wichtige Rolle spielen, die Kinder bei Schuleintritt mit Schrift gemacht haben: Wenn Kindern häufig vorgelesen wurde, wenn Kinder lesende und schreibende Vorbilder (Eltern oder größere Geschwister) haben, dann sind dies gute Voraussetzungen. Auf diese Weise haben die Kinder schon die Bedeutsamkeit von Schrift erfahren. Auch ist die Motivation, Lesen zu lernen, höher, wenn Bücher und die damit verbundenen Geschichten einen Reiz darstellen.

Beispiel:
Manuel, Schüler der Jgst. 1, hatte als wesentlichste Vorerfahrung mit Schrift die „Aufbewahrungs- oder Merkfunktion" der Schrift. In der elterlichen Gaststätte erlebte er das Aufschreiben der Bestellung. Einen anderen Umgang mit Geschriebenem erlebte er kaum: Er sah die Eltern selten lesen oder schreiben, ihm wurde kaum vorgelesen. Lediglich die älteren Geschwister beschäftigten sich mit Schrift bei den Hausaufgaben – und dies ausgesprochen ungern. Für sich selbst erachtete Manuel zudem die Merkfunktion der Schrift nicht als bedeutend, da er über ein sehr gutes Gedächtnis verfügte. Er konnte sich über zehn Dinge auf Anhieb merken. Entsprechend seiner Vorerfahrung versuchte er die Schrift auch zu lernen: Er versuchte sich lange Zeit die Synthesewörter zu merken – mit beachtlichem Erfolg! Nachdem jedes Wort einmal von anderen Schülern benannt war, konnte er diese Wörter sehr sicher den Inhalten zuordnen. Auch das Aufbauen aus dem Gedächtnis bereitete ihm nur geringe Schwierigkeiten. Den Lautbezug der Schrift hatte er aber dennoch nicht erfasst. Große Probleme hatte Manuel auch, sich die Beziehung Buchstabe-Laut einzuprägen, eben weil ihm der Aspekt der Bedeutung fehlte. Wäre er mit einem ganzheitlichen Leselehrgang unterrichtet worden, hätte er sicher enorme Anfangserfolge erzielt. Da er aber nach einem schreiborientierten, auf Schrifterfahrung beruhenden Ansatz unterrichtet wurde, wurde von Anbeginn an deutlich, welche Verständnisschwierigkeiten er hatte. So konnte er am Anfang des Lernprozesses unterstützt werden, ohne einen allzu großen Rückstand überhaupt aufkommen zu lassen. Dass dies nicht ohne Frustrationen gelang, soll dabei nicht verschwiegen werden. Sein Kommentar zeigt sowohl den Verdruss über die Mühe als auch, dass er auf Grund der mangelnden Vorbilder den Nutzen für sich noch nicht erfasst hat: „Für was muss ich das überhaupt lernen. Das (gemeint war das Lesen) brauch' ich später nie mehr!" Dieser Ausspruch zeigt außerdem, wie stark er Lesen und Schreiben mit Schule verbindet.

Neben diesen Umweltbedingungen, die erheblich von der Familiensituation bestimmt und damit dem Einflussbereich von Schule weit gehend entzogen sind, sind in ökologischen Feldmodellen aber auch die Bedingungen von Unterricht von Bedeutung. Als vorläufiges

Ergebnis können für einen erfolgreichen Rechtschreibunterricht folgende Bedingungen angenommen werden:

1. Motivation für das Rechtschreiben ergibt sich nicht allein – für schwächere Schüler wohl nicht einmal vorwiegend – aus motivierenden Übungsformen sondern vor allem aus Erfolgserlebnissen. Unterricht muss so konzipiert sein, dass auch schwächere Schüler ihren Lernfortschritt wahrnehmen können und einen Zusammenhang zwischen Anstrengung und Erfolg herstellen können.
2. Bewusstes und genaues Aufschreiben muss als eigenständige Übung systematisch trainiert werden. Es dient der differenzierten Wahrnehmung und vielleicht indirekt dem inneren Regelbildungsprozess vor allem dann, wenn Kontrollprozesse des Geschriebenen zum Abschreibprozess dazu gehören. (Vgl. II/3.1 Richtig aufschreiben)
3. Silbisches Sprechen, das Mitdenken einer zweiten Wortform und die Nennung einer nicht erklärbaren Rechtschreibbesonderheit (kognitiver Zusatz) sind Techniken, die den Kindern beim Schreiben helfen.
4. Übungen sollen so konzipiert sein, dass sie eine Konzentration auf eine der zuvor genannten Handlungen erlauben. Übungen, die ein ständiges Springen von einer zu einer anderen Überlegung erfordern, z. B. zunächst Bestimmung der Wortarten, anschließend Trennung, dann mechanisches Abschreiben, sind weniger hilfreich.
5. Notwendig scheint es außerdem zu sein, dass Lehrer immer wieder auch einfache Sachverhalte wiederholen, gerade im Hinblick auf die leistungsschwächeren Schüler. Hierbei dürfte es unterstützende Wirkung haben, wenn Lehrer falsche, unklare oder missverständliche Erklärungsmuster von Schülern aufgreifen und die dahinter verborgenen Vorstellungen der Kinder thematisieren.

Zusammenfassung:
Ökologische Feldmodelle tragen dem Umstand Rechnung, dass neben den innerpersonalen Verarbeitungsprozessen des Kindes auch äußere Faktoren für den Erfolg beim Rechtschreiblernen von Bedeutung sind. Neben sozialen Einflüssen sind dies im Unterricht: Unterstützung der Motivation durch Erfolg, Unterstützung innerer Regelbildungsprozesse durch Thematisierung verschiedener (vor allem auch irrtümlicher!) Erklärungsmuster der Kinder und eine Intensivierung der Übung, die zu einem Denken beim Schreiben führt und sich nicht in der Abarbeitung einzelner Aufgaben erschöpft.

2.2 Strategien der Kinder

Unter Rechtschreibstrategien versteht man einerseits die inneren Regeln von Kindern, d. h. die Vorstellungen über orthografische Zusammenhänge, die sich Kinder machen, bzw. denen sie beim Schreiben folgen. Diese Strategien sind sicher sehr vielfältig und können im konkreten Einzelfall nur im Gespräch mit dem Kind herausgefunden werden. Daneben wird der Begriff „Rechtschreibstrategien" auch verwendet um die Überlegungen darzustellen, die zu normgerechtem Schreiben führen. Die nachfolgende Übersicht soll helfen, dem beobachtenden Lehrer erste Hinweise auf mögliche kindliche Denkzusammenhänge zu geben. In der ersten Spalte sind dem Lernfortschritt entsprechend die orthografischen Bereiche aufgeführt. In der zweiten Spalte werden die Fehler konkretisiert, in der dritten Spalte die zur Bewältigung dieses Lernbereichs notwendige Strategie aufgezeigt. Zunächst ist natürlich zu prüfen, ob das Kind überhaupt über diese verfügt. In der letzten Spalte sind die Probleme der Kinder aufgezeigt, die sie durch Übergeneralisierung oder Missverstehen der grundsätzlich richtigen

Überlegung (3. Spalte) dennoch mit dem Schreiben haben können. Die erste Spalte soll explizit erläutert werden:

> Beispiel: Ein Kind schreibt *Tomte*, lässt also einen Buchstaben aus. Dies ist ein Verstoß gegen die alphabetische Verschriftung (1. Spalte), weil damit gegen die lautliche Struktur des Wortes verstoßen wird (2. Spalte). Zunächst wäre zu überprüfen, ob das Kind tatsächlich /to-ma-te/ vor sich hin spricht (3. Spalte). Ist dies nicht der Fall, wird das Kind in das begleitende, überdeutliche Sprechen eingeübt. Spricht es jedoch entsprechend, so kann der Lehrer überprüfen, ob das Kind u. U. langsamer (oder schneller) schreibt als es spricht und aus diesem Grund Buchstaben auslässt (4. Spalte). Manche Kinder sprechen auch die Wörter immer wieder ganz von vorne und verlieren aus diesem Grund die Orientierung beim Schreiben, d. h. sie wissen nicht mehr, an welcher Stelle sie gerade schreiben.

Die Beispiele zeigen, dass Kinder auch falsch schreiben, obwohl oder gerade weil sie logisch denken und versuchen, eine „Regel" anzuwenden. Im Lehrplan wird ein Schwerpunkt darauf gelegt, die Kinder bei der Umbildung ihrer persönlichen, individuellen Regeln in normgerechte zu unterstützen. Hierfür ist es hilfreich die Wörter in Mitsprechwörter, Nachdenkwörter und Merkwörter zu unterteilen. Um diese richtig schreiben zu können, sind folgende Strategien von den Kindern zu erlernen:

Mitsprechwörter: Hierbei handelt es sich um Wörter, die allein durch die Kenntnis der Laut-Buchstabenentsprechung richtig geschrieben werden können. Deshalb werden diese Wörter auch „lauttreu" genannt, (z. B. Oma, Hut, rot usw.) Diese Bezeichnung „lauttreu" bezieht sich auf die Wortstruktur, zunächst vollkommen unabhängig vom lernenden Kind betrachtet. Es gibt aber unterschiedliche „Grade der Lauttreue": Im Deutschen sind die Endsilben abgeschwächt und in der zweiten Silbe ist meist ein abgeschwächter e-Laut enthalten (siehe I/3.1 Das phonologisches Prinzip und II/2.1 Mitsprechwörter). So bereiten Wörter wie „Rose, helfen, Falter, Schaufel" den Kindern am Anfang des Lernprozesses durchaus Schwierigkeiten, im Laufe der Zeit werden aber auch diese abgeschwächten Endsilben richtig verschriftet. Sie sind aber etwas weniger „lauttreu" als die ersten Beispiele. Darüber hinaus sind für einige Laute, bzw. Lautkombinationen entsprechende Buchstabenkombinationen festgelegt worden, die bei Auflösung in ihre Einzelteile einen anderen Lautwert hätten, z. B.: <ei> wird /ai/ gesprochen und nicht /ei/. Diese Mitsprechwörter können also in unterschiedliche Schwierigkeitsstufen eingeteilt werden und stellen Kinder auch vor unterschiedlich große Probleme. Neben diesen von der Sachstruktur gegebenen Schwierigkeiten können Kinder auch z. B. dialektale Probleme haben: Die Unterscheidung zwischen g/k, b/p und d/t fällt nicht nur Franken schwer, diesen aber besonders. Deshalb gilt für Mitsprechwörter wie für alle anderen Wörter: ***Ausgangspunkt ist immer das geschriebene Wort. Dieses wird überdeutlich, also nicht in der normalen, verschliffenen Sprache, gelesen und gesprochen***. Generell müssen die Kinder über folgende Strategie verfügen um diese Wörter schreiben zu können:

Ich muss ein Wort deutlich, in Silben getrennt (abgeschwächte Endsilbe), sprechen.

Schriftbereiche	Fehlerart	Grundsätzlich richtige Strategie	Mögliche Störfaktoren
Schwierigkeiten, die beim alphabetischen Verschriften auftreten können, also auch schon beim Schreiben lauttreuer Wörter	Verstöße gegen die lautliche Struktur des Wortes	Ich muss genau sprechen und alles schreiben, was ich höre. Ich muss Hochsprache sprechen.	Artikulationsbesonderheiten des einzelnen Kindes: Das Kind ist z. B. unsicher bei den Kurzvokalen, ob /i/ oder /e/, /o/ oder /u/ oder bei der Unterscheidung zwischen b/p, g/k, d/t. Mangelnde Übereinstimmung von Sprache und Hand: Das Kind spricht zwar sehr deutlich vor sich hin, überprüft das Geschriebene aber anschließend nicht mehr auf Vollständigkeit/Richtigkeit.
	Endung: -er, -en, -el Schwer hörbares r	Auch Laute, die ich kaum höre, muss ich schreiben.	Unsicherheiten, auf welche Bereiche dies zutrifft; so hat ein Kind z. B. begriffen, dass es *Garten* schreiben muss, überträgt dies aber auf andere Wörter, z. B. *harben.*
	Koartikulation	Manche Laute, die ich hören kann, darf ich nicht schreiben. (Der Fehler tritt vor allem dann auf, wenn sich die Kinder bemühen, überdeutlich zu sprechen!)	Unsicherheiten, auf welche Bereiche dies zutrifft; besonders deutliches Sprechen führt zum Einfügen eines Buchstabens, z. B. *Ampt.*
Phonologische und orthografische Besonderheiten (Dies ist bei einer Verfestigung der alphabetischen Strategie häufig!)	<sp, st>, <ei, eu>, <ß>, <ie>, Doppelmitlaut, bezeichnete Dehnung	Ich muss Besonderheiten beim Schreiben beachten. Bei manchen Besonderheiten kann ich Regeln anwenden (<sp, st>, Doppelmitlaut), zumindest Häufigkeitsregeln (<ei, eu>, <ie>). Andere Sonderschreibungen muss ich lernen: <ß>, bezeichnete Dehnung.	Die Kinder sind verwirrt, wann sie welche Besonderheiten beachten müssen, z. B. <st, sp> nur am Beginn des Wortstammes. Da die Kinder immer wieder feststellen, dass sie mit diesen Besonderheiten Schwierigkeiten haben, reagieren sie unterschiedlich: Ein Teil der Kinder zieht sich auf eine rein lautliche Verschriftung zurück. Ein anderer Teil der Kinder "übergeneralisiert" und schreibt jetzt möglichst oft diese "Besonderheiten".

Schriftbereiche	Fehlerart	Grundsätzlich richtige Strategie	Mögliche Störfaktoren
Die Kinder haben das "morphematische Prinzip" unserer Schrift nicht verstanden, d. h.: Ich muss nicht jedes Wort und jede Wortform getrennt erlernen, sondern habe immer gleich bleibende Versatzstücke.	Vorsilben, Nachsilben Auslautverhärtung, Umlautung	Ein Wort kann in verschiedenen "Verkleidungen" auftreten (Flexionsformen, Zusammensetzungen). Der Wortklang kann sich dabei ändern; das geschriebene Wort bleibt (meistens) gleich. Ein wichtiger Bereich, der die Kinder hier verunsichert, ist die Vergangenheitsform der starken Verben: kommt - *kamm*. Dies ist keine Ausnahme, sondern die "Regel" heißt: Ein Wortstamm wird gleich geschrieben, so lange dies nicht gegen die Lautung verstößt.	Das Kind zerlegt ein Wort nicht in seine "Bausteine". Das Kind denkt bei einer einsilbigen Wortform die zweisilbige nicht mit (oder umgekehrt). Diese Überlegungen erfordern eine gewisse Abstraktionsstufe und *intensive Einübung*.
Nomengroßschreibung	Kenntnis der Wortart	Ein Namenwort ist, was ich sehen kann.	Ausweitung: Ich sehe, dass das Kind rennt, also rennt groß! Ich sehe, dass etwas "groß, rot, schön" ist; also groß!
		Ein Namenwort ist alles, was ich in die Mehrzahl setzen kann.	"er rennt" und "sie rennen": Einer und viele wird als Ein- und Mehrzahl aufgefasst.
		Ein Namenwort erkenne ich daran, dass ich "der, die, das" davor setzen kann, dass "der, die, das" zum Wort *gehört*!	*der Große hund*; Einengung auf den Ort: Das Kind hat nicht verstanden, dass es nicht nur schauen darf, wo der Artikel steht... "der, die, das" steht vor dem Wort (Konkretisierung). *ich Renne schnell*; Ich und renne gehören zusammen; wenn ein "Begleiter" vor dem Wort steht, schreibe ich groß! (Sprachgefühl, Nähe der Wortverbindung, unscharfer Begleiterbegriff) ODER: Wegen der Möglichkeit der Substantivierung: *Das Rennen* Bei einem fehlenden, flektierten oder unbestimmten Artikel wird die Wortklasse nicht erkannt!
		Wörter mit den Endungen -heit, -nis... schreibe ich groß.	Die Kennzeichnung am Ende des Wortes beeinflusst nicht die Realisierung am Anfang; keine Rückkopplung.

Nachdenkwörter: Für diese Wörter sind unterschiedliche Strategien notwendig. Hierbei handelt es sich um all jene orthografischen Bereiche, deren Schreibung zwar von der Lautung abweicht, dies aber immer in derselben Art und Weise tut. Bevor die einzelnen Regelgruppen dargestellt werden, soll noch einmal Folgendes verdeutlicht werden: Ein Wort „an sich" kann oft nicht als Nachdenkwort oder Mitsprechwort oder Merkwort bezeichnet werden. Diese Bezeichnung ist immer im Zusammenhang mit dem Lernniveau des Kindes zu sehen. Für das eine Kind ist „Stufe" ein Mitsprechwort, weil St am Wortanfang ganz selbstverständlich ist, das andere Kind muss hier eben noch nachdenken. Das eine Kind schreibt „Sonne" als Nachdenkwort richtig, weil es das Prinzip des Silbengelenks (siehe Kap. I/3.2 Das silbische Prinzip) verstanden hat, das andere Kind hat das Wort gelernt: „Sonne mit zwei nn". Nur so sind die folgenden Nachdenkstrategien, die hier jeweils in aufsteigendem Schwierigkeitsgrad dargestellt sind, zu verstehen.

- *Ich muss überlegen, ob ein Wort groß geschrieben wird. (Zu den unterschiedlichen Erklärungen siehe obige Tabelle!)*
- *Ich muss zu einer einsilbigen Wortform die zweisilbige bilden, dann bemerke ich: Auslautverhärtung, kombinatorische Verhärtung (Siehe I/3.3* Das morphematische Prinzip*) und u. U. Mitlautverdopplung (siehe I/3.2* Das silbische Prinzip*)*
- *Ich muss ein Wort in Silben sprechen, dann höre ich das versteckte (vokalisierte) r (siehe I/3.1.2* Verschriftungsbesonderheiten bei Konsonanten*), das silbentrennende h und die Mitlautverdopplung.*
- *Ich schreibe <ä>, bzw. <äu>, wenn ich in der Wortfamilie eine Grundform mit <a>, bzw. <au> finde.*
- *Zusammengesetzte Wörter muss ich in ihre Bestandteile zerlegen. (Hilft bei der Schreibung von Vor- und Nachsilben und in der Wortfuge; vgl. I/3.3* Das morphematische Prinzip*)*

Merkwörter: In jedem Fall, also unabhängig vom Lernniveau, müssen Wörter, die folgende Schreibweisen enthalten, gelernt werden: Wörter mit Dehnungs-h, mit doppeltem Selbstlaut und mit <ß>, daneben solche mit <v> im Wortstamm, Wörter mit <ai>, mit nicht rückleitbarer Umlautung (z. B.: Mädchen) sowie solche, die einen /ks/-Laut enthalten (Fuchs, links, Hexe) und Fremdwörter. Über einen unterschiedlich langen Zeitraum wird die Mitlautverdopplung für die Kinder ebenfalls eine Merkstelle bleiben. Für diese Wörter müssen die Kinder wissen, dass sie die richtige Schreibung weder durch genaues, überdeutliches Sprechen noch durch Wissen erschließen können, hier helfen also nur Eintragungen ins innere orthografische Lexikon, z. B. fahren schreibe ich mit <ah>.

Zusammenfassung:
Rechtschreibstrategien können als innere Denkhandlungen der Kinder, denen sie beim Schreiben folgen, verstanden werden. Die wichtigsten Erfolg versprechenden Strategien sind

- überdeutliches, silbisches Sprechen,
- das Suchen einer alternativen Wortform (zu zweisilbigen einsilbige Wortformen und umgekehrt),
- die Beachtung der Wortart,
- bei Zusammensetzungen die Bestimmung der einzelnen Teile.

Daneben müssen Wörter mit nicht-regelhaften Schreibungen gelernt werden. Da die Kinder aber nicht wissen können, ob es sich um ein regelgeleitetes oder ungeregeltes Wort handelt, steht das geschriebene Wort immer am Anfang. Mit fortgeschrittenen Schülern (Jgst. 3/4) können auch Übungen durchgeführt werden, die das begründete Vermuten über Schreibweisen einüben, z. B.: Wie könnte man „Rose" schreiben? *Rohse*, aber nicht *Rosse* wegen des Wortklanges. Das stumme h wäre möglich, ist aber der seltenere Fall. Die Kontrolle erfolgt durch das Wörterbuch. (Konstruktionsübungen kann man auch mit Kunstwörtern üben.)

2.3 Automatisierung

In der gegenwärtigen Rechtschreibdidaktik spielt das regelgeleitete Denken wieder eine stärkere Rolle. Dies darf aber nicht zu der Einschätzung führen, dass jetzt beim Rechtschreiblernen nur noch „gedacht" und „konstruiert" werden muss und Übung nebensächlich geworden sei. Ganz im Gegenteil: Rechtschreiben lässt sich ohne ein gewisses Maß an Übung nicht lernen. Ein wichtiger Unterschied zum bisherigen Rechtschreibunterricht besteht jedoch darin, dass bei der Übung deutlicher unterschieden wird: Was muss ich wortspezifisch und welche Schreibungen regelgeleitet üben? Die weit gehende Gleichbehandlung aller „Lernwörter", wie sie in vielen Rechtschreibmaterialien praktiziert wurde, wird zu Gunsten einer spezifischeren und gezielteren Übungsweise abgelöst. Hierdurch wird ebenfalls deutlich, dass die Nachschrift, die ja themenbezogen und nicht rechtschreibbezogen war, für das Erlernen ungeeignet ist. Vielmehr wird für ein Lernen am Wort plädiert. Zuerst werden einzelne Wörter gelernt, diese werden dann erst in Sätzen oder Texten angewandt. Dabei kann sich ein rechtschreiborientiertes und inhaltlich orientiertes Lernen von Wörtern durchaus ergänzen und abwechseln: An einem systematischen Rechtschreibfall, z. B. Auslautverhärtung, werden Wörter dieses Falles geübt. Für ein Schreibprojekt werden Wörter gesucht und diese müssen ebenfalls geübt werden. Jetzt werden diese Wörter in Mitsprech-, Nachdenk- und Merkwörter eingeteilt, wobei die entsprechende Regularität wiederholt wird.

Im Verständnis eines neuen Rechtschreibunterrichts beschränkt sich Übung aber nicht nur auf das Üben einzelner Wörter, sondern ebenfalls auf das ***Üben von Denkhandlungen***. Diese Denkhandlungen sind die oben angeführten Strategien: Silbisches Sprechen, Mitdenken einer alternativen Wortform, Überprüfung der Wortart und Trennung der Wortzusammensetzung. Die folgende Übersicht soll noch einmal den Zusammenhang zwischen Rechtschreibfall und Lösungsstrategie deutlich machen. Sie soll außerdem zeigen, dass die gleiche Denkhandlung bei unterschiedlichen Rechtschreibfällen hilfreich ist und damit dem Kind, das ja u. U. gar keine von der Lautung abweichende Schreibung vermutet, zu einer normgerechten Schreibung verhelfen kann.

Rechtschreibfall und Wortbeispiel	**Silbisches (und überbetontes) Sprechen**	**Suchen einer einsilbigen Wortform**	**Suchen einer zweisilbigen Wortform**	**Wortzerlegung**
Mitsprechwörter (lauttreu) Bsp. rot, Hose	x		ggf.: ro-te (vermutete Auslautverhärtung)	
Nachdenkwörter: Auslautverhärtung: Hund	x		x	
kombinatorische Verhärtung: sagt	sa-gen		x	
Silbentrennendes h	x		geht, wegen: gehen	
Umlautung: Häuser	x	x: wegen Haus		

Unterscheidung zwischen Langvokal /i:/=<ie> und Kurzvokal /i/=<i>	x		Der Langvokal steht immer am Ende der betonten Silbe (offene Silbe).	
Mitlautverdopplung: Sonne, rennt	x		rennt, wegen: rennen	
Zusammensetzung mit Vor-/Nachsilben: vorlaufen	x			Vorsilbe „vor" schreibt man mit <v>.
Zusammensetzung: Geburtstag	x			Tag der Geburt, also ohne <z>:
Merkwörter: ß, bezeichnete Dehnung und oben genannte Fälle				

3 Prinzipien der deutschen Orthografie

Die deutsche Orthografie hat eine lange Geschichte. Während in früheren Jahrhunderten jeder mehr oder weniger so schrieb, wie er die Wörter hörte, hat sich im Laufe der Zeit eine Schreibkonvention entwickelt, die erst zu Beginn dieses Jahrhunderts verbindlich geregelt wurde. Vor dieser verbindlichen Regelung hatten sich die Schreibkonventionen aber schon deutlich einander angenähert. Hieraus folgt: ***Einige Gesetzmäßigkeiten der Orthografie sind so universell, dass sie sich für alle Schreiber als sinnvoll erwiesen***. In der ersten orthografischen Konferenz, wie auch bei der aktuellen Rechtschreibreform, wurde versucht einen Kompromiss für Zweifelsfälle zu finden. Aus dieser Entwicklungsgeschichte ergibt sich: ***Einige Wörter (oder Wortteile) werden auf besondere Art und Weise geschrieben.***

Diese ***Trennung zwischen Peripherie und Zentrum***, also zwischen Regelhaftem und Ausnahme, sollte den Kern des Rechtschreibunterrichts darstellen. Hierfür ist es aber zunächst notwendig, das Regelhafte zu erkennen. Gerade dies fällt aber Lehrern schwer – nicht ohne Grund: Sie sind ja ständig mit den Fehlschreibungen der Kinder konfrontiert. Auf Grund der Fehler wird häufig das Besondere betont: „Das schreibt man mit stummem h, dies Wort mit Doppel-m und hier musst du am Ende ein d, kein t schreiben. Ach, und vergiss nicht! ‚Freund' groß!"

Im Lehrplan 2000 soll versucht werden den Kindern das, was regelhaft ist, auch so darzustellen und die Ausnahme dem klar gegenüber zu stellen. Also ergibt sich die Einteilung in Mitsprech-, Nachdenk- und Merkwörter nicht nur – wie oben dargestellt – aus der Lernentwicklung der Kinder, sondern ebenfalls aus der Sachstruktur. Dabei muss aber Folgendes klar sein: Ein „Mitsprechwort" im sachlogischen Sinn muss noch keines für den Lernanfänger sein. So ist „laufen" sprachlich betrachtet ein Mitsprechwort, weil es durch die häufigsten Laute verschriftet wird. Der Lernanfänger schreibt aber vielleicht *laufn*. Auch die Bezeichnung eines Wortes als „Nachdenkwort" kann bei einer sachlichen Einteilung anders ausfallen als sie im Lernhorizont eines Kindes erscheint.

Beispiel:
Das Wort „Verkäuferin” kann als vollkommen regelgeleitet bezeichnet werden: Als Nomen wird es groß geschrieben, die Vorsilbe „ver” wird regelmäßig mit <v> geschrieben, die Umlautung ergibt sich aus dem Wortstamm „kauf” und die Nachsilbe für die Bezeichnung weiblicher Personen ist „–in” (und nicht *rin* wie viele Kinder meinen). Die Vielzahl der Begründungen zeigt schon, dass sich hier für Kinder Stolpersteine verbergen. Ein Nachdenkwort ist es also nur für die Kinder, die über all dieses Wissen (mehr oder weniger bewusst) verfügen. Für andere Kinder wird die eine oder andere Schreibweise dieses Wortes noch eine Merkstelle sein.

Die regelhaften Schreibungen werden zunächst mit Hilfe von vier Prinzipien dargestellt, anschließend folgen die Ausnahmen. Das Gesagte bezieht sich auf die Wortarten Nomen, Verb, Adjektiv.

3.1 Das phonologische Prinzip (Lautprinzip)

Die Grundlage jeder Buchstabenschrift (im Gegensatz zu einer Begriffsschrift wie dem Chinesischen) ist der Bezug zwischen Lauten und Buchstaben. Nach Naumann (1989) werden 73% der Laute durch den häufigsten Buchstaben repräsentiert. Damit stellt das Lautprinzip die Grundlage der Orthografie dar. Diesem hohen Prozentrang entsprechend gibt es eine Menge von sog. „lauttreuen” Wörtern, die ***allein*** durch die Kenntnis des häufigsten Buchstaben für einen Laut richtig geschrieben werden können (z. B. bunt, alt, Hase, Dame usw.).

Dieses grundlegende Prinzip ist auf der einen Seite aber nicht durchgängig, weil auch andere Prinzipien zu bedenken sind (s. u.). Vor allem aber bereitet es Schwierigkeiten, weil lautliche Abweichungen dem geübten Schreiber häufig nicht bewusst sind. Neben individuellen (dialektalen) Abweichungen - z. B. wird <Glocke> als: /kloge/ oder /gloge/ gesprochen - sind dies auch ganz regelhafte, die daraus resultieren, dass wir über mehr Sprachlaute verfügen als Buchstaben. Diese Unterschiede zwischen gesprochener und geschriebener Sprache werden zunächst bei den Vokalen, anschließend bei den Konsonanten dargestellt.

3.1.1 Die Lautverhältnisse bei Vokalen

Als Buchstaben für die Vokale verwenden wir: <a,e,i,o,u>, die üblicherweise *in* ***Lang- und Kurzvokale*** unterschieden werden. Daneben gibt es die Umlaute <ä,ö,ü>. Diese Laute unterscheiden sich nicht nur in der Sprech***dauer*** (Vokalquantität), sondern vor allem in der ***Qualität***. In der phonetischen Umschrift gibt es dafür folgerichtig auch unterschiedliche Zeichen. Im Grunde würden wir im Deutschen dafür zwei verschiedene Buchstaben benötigen. Am geringsten ist der Unterschied bei /a/, bei den anderen Vokalen aber deutlich.

Wenn man folgende Lang- und Kurzvokale vor allem in der Art, sie im Mund zu bilden, vergleicht, wird der Unterschied deutlich:

	Langvokal oder gespannter Vokal	**Kurzvokal oder ungespannter Vokal**
a	Hase	hassen
e	reden	rennen
i	Sieb	Silke
o	Vogel	voll
u	Mut	Mund
ä	Käfig	- (Kälte: morphematische Schreibweise: Klang wie rennen)
ö	böse	Böller
ü	Stühle	stülpen

Das ablautende e in der zweiten Silbe unterscheidet sich ebenfalls deutlich vom Lang- und Kurzvokal in der betonten Silbe. Beim Sprechen werden die Fehler von Schreibanfängern, besonders bei Kurzvokalen, verständlich: Das kurze /i/ rückt bei den Kindern oft zum <ü>, gelegentlich auch <e>, das kurze /u/ wird zum <o>, usw. Ein Blick auf die Tabelle weist außerdem auf die Grundregeln der Verschriftung für Kurzvokal und Langvokal hin: Einem Kurzvokal folgen immer zwei Mitlaute. Meistens sind dies zwei verschiedene Mitlaute, genau so, wie sie zu hören sind. Einen Doppelmitlaut muss ich nur dann schreiben, wenn ich nach kurzem Selbstlaut nur einen Mitlaut höre! Für die Langvokale gilt: Mit Ausnahme des /i:/=<ie> werden auch die Langvokale meistens ***nicht*** besonders bezeichnet. Die starke Gewichtung des „stummen h" im Unterricht führt nach Fehleruntersuchungen dazu, dass Kinder häufiger ein <h> an illegaler Stelle einfügen als es da, wo es nötig ist, zu vergessen. Die Schreibregeln lassen sich mit dem silbischen Prinzip allerdings noch einfacher darstellen. Die ***Diphthonge***, besonders <ei> und <eu> haben einen anderen Lautwert als die zusammengesprochenen Ursprungsvokale. So werden sie von Schreibanfängern häufig mit *<ao>*, *<ai>* und *<oi>* verschriftet.

3.1.2 Verschriftungsbesonderheiten bei Konsonanten

Die Zuordnung der meisten Konsonanten ist einfacher und damit weniger fehlerträchtig. Problematisch ist die Verschriftung des <r> in der so genannten ***r-Vokalisierung***. Wörter mit schwer hörbaren –r sind z. B. antworten, Birne, Körper. Wenn das <r> nach einem Vokal am Ende der Silbe auftritt, wird es nicht deutlich als /r/ gesprochen, sondern verbindet sich mit dem Vokal zu einem „fallenden Diphthong"; fallend deshalb, weil die Artikulationsstelle in den Rachenraum „fällt". Diese Wörter können mit den Kindern durch silbisches Sprechen und Überbetonung (also: entgegen der Standardlautung!) geübt werden. Bei Wörtern wie „Arm", „hart", „Stirn", „Wort", „warm", wo das <r> in der einsilbigen Grundform im Silbeninneren liegt, müssen die Kinder zunächst Ar-me denken, um das /r/ deutlicher zu machen.

Das <r> stellt ein weiteres Problem am Wortende dar. Die häufige Endung <-er> wird zu einem dem /a/ verwandten Laut abgeschwächt. Dies geschieht aber regelhaft, deshalb sind Janu**ar**, Febru**ar** dem deutlich gegenüberzustellen.

Unterscheidungsprobleme tauchen bei den stark und schwach behauchten ***Plosivlauten*** /b,p/ /d,t/ /g,k/ auf; dies ist aber stärker ein Problem des einzelnen Sprechers. Wenn Kinder hier Schwierigkeiten haben, sollte die Lehrkraft zunächst überprüfen, ob diese Schwierigkeiten auf Grund der Sprechweise entstehen oder durch eine Verwirrung mit der Auslautverhärtung (siehe I/3.3 Das morphematische Prinzip). Wenn die Sprechweise der Grund ist, überprüft man, ob dies vorwiegend in Kombination mit Vokalen (Birne) oder stärker in Kombination mit anderen Konsonanten (Brei) erfolgt. Wörter wie „Obst" oder „Herbst" werden auch standardlautlich mit /p/ (= kombinatorische Verhärtung) gesprochen und müssen deshalb gelernt werden.

Weiter ist zu bedenken, dass im Deutschen manchmal ein Laut durch mehrere Buchstaben und mehrere Laute durch einen Buchstaben wiedergegeben werden. *Diese **besonderen Laut-Buchstabenverbindungen*** gliedern sich so auf:

Ein Laut / mehrer Buchstaben	**Zwei Laute / ein Buchstabe**
<sch> Schule, schreiben: ein Zischlaut wird mit drei Buchstaben verschriftet	/ks/ = <x> Text, Hexe; daneben existieren aber auch andere Verschriftungsmuster: <chs> Fuchs oder <ks> links.
Das <ch> in „ich" und „Bach" klingt unterschiedlich: Gebildet werden die Laute an verschiedenen Stellen im Mund, können aber nicht verwechselt werden, da sie nicht in Konkurrenz zueinander auftreten. Manche Kinder haben Probleme, den „ach"-Laut mit dem <ch> zu verbinden, sie schreiben ein <r>.	/ts/ = <z> Zeit, ganz; das <tz> ist eine grafische Variante der Mitlautverdopplung und folgt denselben Regeln wie der Verdopplung der übrigen Mitlaute.
<ng> (Hang) klingt als ein Laut. Schreibbesonderheit: Tritt das /ng/ vor /k/ auf, wird das <g> in der Schrift getilgt; z. B. danken, nicht: *dangken*	/kw/ = <qu> Qual, bequem

Die ***Verschriftung des Lautes /s/*** ist ausgesprochen kompliziert und vielfältig. Wie die obige Tabelle zeigt, ist das /s/ besonders schwierig, da es als Mehrphonem – es klingt /**ks**/ und /**ts**/ – zwei mal einem Graphem (<x,z>) zugeordnet ist und zudem im Mehrgraphem <sch> als ein Bestandteil enthalten ist, ohne als /s/ zu klingen. Bei den Mehrphonemen konkurrieren zudem die Schreibweisen der Lautkombination /ks/ (s. o.). Auch beim Graphem <z> existiert eine lautlich nähere Schreibweise mit <ts>, wenn sie auch hier morphematisch auflösbar ist (Gebur**ts**tag). Durch die Verschriftung des Doppelmitlautes <**tz**> gerät das schriftliche Zeichen aber wieder näher an die lautliche Entsprechung /**ts**/ und kann deshalb bei manchen Kindern zur Verwirrung führen. Der /sch/-Laut wird einerseits mit dem Mehrgraphem <sch> verschriftet, andererseits in Verbindung mit /t,p/ wieder auf <st, sp> reduziert.

Das <ß> ist nach der neuen Rechtschreibung regelmäßiger geworden. Es kann nur nach Langvokal oder Diphthong stehen. Es repräsentiert das stimmlose /s/, das in Norddeutschland durchaus auch sprachlich unterschieden wird. Im Süddeutschen trifft dies meist nicht zu, deshalb sollte es über Wortlisten als Ausnahme gelernt werden.

3.2 Das silbische Prinzip

Neuere Untersuchungen der Orthografie durch Sprachwissenschaftler führen das silbische Prinzip als bisher kaum beachtetes Prinzip ein, z. B. wird es in der letzten Grammatikausgabe des Duden hervorgehoben. Auch wenn es in der Wissenschaft noch umstritten ist und z. T. sehr kompliziert dargestellt wird (besonders die Unterscheidung Schreib- und Sprechsilbe), bietet es für den Unterricht wichtige Hilfen an. Es betrifft die Wortarten Verb, Nomen, Adjektiv. Man spricht dabei vom „prototypischen Zweisilber". „Typisch" deshalb, weil im Deutschen zweisilbige Wörter dominieren und durch die Betonung der ersten Silbe die zweite Silbe abgeschwächt wurde. „Prototypisch", weil natürlich nicht jedes Wort zweisilbig ist, die meisten Wörter aber eine zweisilbige Flexionsform aufweisen. (Einsilbige Wörter, wie „Arm, rot, Baum" können alle in eine zweisilbige Wortform überführt werden: Ar/me, ro/te, Bäu/me.)

Im Mittelpunkt stehen zwei Grundeinsichten, die die Kinder erwerben müssen:
1. Jede Silbe verfügt über einen vokalischen Kern.
2. Die zweite Silbe ist meistens gleich aufgebaut: Konsonant + e (+ Konsonant, wenn ich ihn höre)

Silbisches Sprechen fällt den Kindern nicht sehr schwer, besonders am Anfang des Lernprozesses nicht, wenn sie noch keine Ahnung vom Schreiben haben. Die Kinder kennen kleine Sprechverse (E-ne me-ne muh! ....) und können „wie ein Roboter" so abgehackt sprechen. Wenn Kinder schon an „Trennungsregeln" gewohnt sind, bereitet ihnen dies oft größere Probleme, weil sie unbewusst „Schreibalternativen" mit dem silbischen Sprechen überprüfen wollen. Dies führt dann zu verfälschtem Sprechen, weil die schon vorhandene Überlegung das Sprechen lenkt. Hier muss deutlich herausgestellt werden, dass es zunächst um einen Abhörprozess geht, der erst später eine Hilfe für das Schreiben darstellen kann. Dies muss **geübt** werden und darf nicht vorausgesetzt werden.

In der nachfolgenden Übersicht wird Konsonant mit K, Vokal mit V abgekürzt, die 0 bedeutet, dass hier kein Laut am Beginn der 2. Silbe steht.

Aufbau von deutschen Wörtern

1. Silbe	2. Silbe
Offen: K+V (**Ha**-se) KK+V (**Kna**-be) KKK + V (**Pflau**-me) Geschlossen: K + V + K (**hel**-fen) KK + V +K (**stol**-ze) KKK + V + K (**Pflan**-ze)	**Vorwiegend**: K + e K + el K+ en K+ er **Selten**: K + ig, K + a, K + em, K + isch, K + ich, 0 + er, 0 + en;

Die Kenntnis des Aufbaus der ***1. Silbe*** hilft für folgende Erkenntnisse:

Die erste Silbe kann entweder offen oder geschlossen sein. In der offenen Silbe klingen die Vokale lang, in der geschlossenen klingen sie kurz und haben eine andere Lautqualität (vgl. I/3.1.1 Die Lautverhältnisse bei Vokalen). Sie sind damit für manche Kinder leichter mit anderen Vokalen zu verwechseln. Es sollte einige Zeit an dieser Unterscheidung geübt werden, d. h. lauttreue Wörter werden immer wieder in diese zwei Grundkategorien unterschieden. Wenn dies für die Kinder selbstverständlich geworden ist, kann an zwei rechtschriftlich schwierige Bereiche herangegangen werden: Die ***Mitlautverdopplung*** und das ***silbentrennende h***.

Wörter mit offener 1. Silbe		Wörter mit geschlossener 1. Silbe	
1. Silbe	2. Silbe	1. Silbe	2. Silbe
Ha	se	Hil	fe
ge	**h**en (wird eingeschoben wegen der Regel: Konsonant +e)	Hi**m** (brauche ich, um die Silbe "zuzumachen"!)	mel

Das ***silbentrennende h*** kennzeichnet eine Silbengrenze nach den Vokalen und Umlauten, wenn diese nicht ohnedies durch einen doppelten Selbstlaut geschrieben sind (Fee, See). Nach <ei> erfolgt es meistens (Reihe), außer es existiert ein einsilbiges Grundwort (Schrei – schreien), nach <eu> und <au> wird es nicht geschrieben. Da diese Verhältnisse doch recht komplex sind, ist es fraglich, inwieweit die Thematisierung den Kindern tatsächlich hilft.

Eindeutig ist dagegen die ***Mitlautverdopplung***. Hier kann die silbische Sprechweise einen klaren Hinweis geben: Wenn die erste betonte Silbe geschlossen werden muss und man hört hierfür keinen Mitlaut, so schließt der Mitlaut, mit dem die 2. Silbe beginnt, auch die erste Silbe. Man spricht hier auch vom „Silbengelenk". Ein kleiner Selbstversuch soll dies verdeutlichen:

> *Beispiel:*
> Sprechen Sie „Mutter" in Silben getrennt. Wenn Sie „Mut-ter" sagen, dann sprechen Sie schon ihr Wissen über die Schreibung. Spricht man „Mu-ter" so dürfte dies der natürlichen silbischen Sprechweise am nächsten kommen. Dabei sprechen Sie keine zwei t. Beobachten Sie aber genau: Wo befindet sich Ihre Zunge am Ende der ersten Silbe? Bei den meisten Menschen ist die Zunge jetzt schon in „t-Stellung" also hinter den Zähnen am oberen Gaumen. Dabei entsteht zwar kein Laut, aber die erste Silbe wird eben geschlossen, sie endet nicht mit dem /u/. Wenn Sie zum Vergleich „mu-tig" trennen, dann bemerken Sie den Unterschied deutlich.

Es soll hier keineswegs behauptet werden, dass dies für alle Kinder leicht ist und ganz natürlich erfasst werden kann. Es ist aber eine Möglichkeit, die Zusammenhänge systematisch darzustellen. Das Erkennen der gleichmäßigen Struktur der ***2. Silbe*** hilft:

1. Der abgeschwächte schwa-Laut wird beim Schreiben nicht vergessen. Wenn ein Kind *Igl* schreibt, dann kann es überprüfen: Klatsche oder gehe das Wort „I-gl"! (Auch hier wird das unbedarfte Kind nicht I-gel sagen!) „Wie viele Schritte hast du gemacht?" „Zwei!" Also müssen zwei Selbstlaute im Wort sein. Wo fehlt einer? Die Stelle zwischen g und l bereitet in der Regel keine Schwierigkeiten bereitet.
2. Stark lautlich orientierte Kinder schreiben in die Endsilbe gelegentlich ein <ä>, was nicht ganz unlogisch ist, weil es ein offener /e/-Laut ist.
3. Für sehr schwache Rechtschreiber ist es eine Entlastung festzustellen, dass die zweiten Silben eines Wortes sehr einfach und ähnlich aufgebaut sind.

3.3 Das morphematische Prinzip – die Gleichschreibung des Wortstammes

Das morphematische Prinzip, also die Gleichschreibung gleicher Wortstämme, hat für das Lesen zentrale Bedeutung. Der versierte Leser gibt dem aufgeschriebenen Wort ja nicht zuerst seine Klanggestalt, sondern entnimmt ihm direkt den Sinn. Um diese schnelle Sinnentnahme zu ermöglichen hat sich unsere Schrift so entwickelt, wie sie schließlich entstanden ist. ***Die Schrift ist die Höflichkeit des Schreibers gegenüber dem Leser.***

> *Exkurs:*
> Letztendlich führte diese Entwicklung auch zur *Unterscheidungsschreibung* bedeutungsverschiedener, aber gleich klingender Wortstämme (Mohr - Moor oder mahlen – malen). Dieses Beispiel soll aber nur zeigen, dass die Schreibweise nicht unlogisch interpretiert werden muss. Es soll keineswegs heißen, dass sie den Kindern in dieser Gegenüberstellung präsentiert werden soll. Hier wäre eine so genannte ***Ranschburgsche Hemmung*** zu befürchten; d. h., die Kinder würden verwirrt: Sie wissen dann vielleicht bei Mohr/Moor, dass ein Wort mit <oo> und eines mit <oh> geschrieben wird, haben aber vergessen, welches Wort mit welcher Schreibung. Unterscheidungsschreibung ist aber ein auf wenige Fälle begrenztes Phänomen und weit gehend bei den Ausnahmen einzuordnen.

Das morphematische Prinzip darf nicht als „Ausnahme" zum lautlichen Prinzip aufgefasst werden, sondern als Erweiterung. In der Schule seit langem thematisiert werden dabei die Hauptbereiche: Auslautverhärtung und Umlautung. Außerdem sind hierzu die kombinatorische Verhärtung, die Arbeit an Vor-, Nachsilben und Endungen und die Wortzusammensetzung anzuführen.

Auslautverhärtung und Umlautung:
Bei diesen Bereichen wird deutlich, dass man Kinder durch folgende Operation wirkungsvoll unterstützen kann: „Ich denke zu jedem Wort, das ich schreiben will, eine zweite Wortform dazu!"

- Die zweisilbige Wortform hilft für die Auslautverhärtung (Hund – Hunde), bei Verben auch für die Umlautung (er fährt – fahren),
- die einsilbige Wortform für die Umlautung bei Nomen (Hände, wegen Hand) und Adjektiven (härter, wegen hart).

Die Umlautung kann in verschiedenen „Schwierigkeitsstufen" erfolgen. Einfache Fälle sind solche, bei denen sich die Wortart nicht ändert: Land – Länder, Maus – Mäuse. Häufig müssen die Kinder aber die Wortart wechseln: Bäcker – backen, Ver-käufer – kaufen. Dies muss selbstverständlich separat geübt werden. Der Grad der Versiertheit ist natürlich auch von der Jahrgangsstufe abhängig.

> *Exkurs:*
> Im Grundwortschatz sind Wörter mit <ä/äu> enthalten, die von Kindern nicht ohne Probleme zurückgeführt werden können. Hierfür können z. T. vom Lehrer Erklärungen gegeben werden („häufig - da steckt Haufen drin!"). Manche Wörter müssen aber auch gelernt werden. Wichtig ist, dass die Kinder darauf hingewiesen werden, dass dies Merkwörter und keine Nachdenkwörter sind. Andernfalls suchen einzelne Schüler nach Erklärungen, die gar nicht zu finden sind und produzieren in ihrer Verwirrung wenig hilfreiche Privatregeln.

Vergessen wird beim morphematischen Prinzip häufig die ***kombinatorische Verhärtung***. Sie entspricht der Auslautverhärtung und betrifft die Verben. Dabei werden die schwach behauchten Plosivlaute (b, g; bei d tritt der Fall nicht auf: redet) vor dem grammatischen t der 3. Person Singular lautlich verhärtet (z. B. *hept, lekt*). Auch hier muss den Kindern deutlich werden: Ich muss die Grundform bzw. die wir-Form mitdenken; also: hebt, wegen: heben.

Bei den Verben ist für fortgeschrittene Kinder (Jgst. 3, vor allem Jgst. 4) ein weiterer Bereich zu beachten:
Die starken Verben, die rechtschriftlich schwere Nebenstämme haben, stellen zwar keine Ausnahme des morphematischen Prinzips im logischen Sinn dar. Hier kommt es zu Fehlschreibungen, weil die Kinder das morphematische Prinzip anwenden, dabei aber nicht beachten, ***dass die morphematische Gleichschreibung nur dann realisiert wird, wenn diese nicht gegen die Lautung verstößt***. In den Flexionsformen der starken Verben passiert es aber häufig, dass sich nicht nur die Vokalqualität ändert, sondern ebenfalls die Vokallänge (Bsp: kommen - kamen; erschrecken – erschraken; gießen – gossen; greifen – griffen; treffen – trafen, usw.). Dieser Tatsache sollte eine eigene Lerneinheit gewidmet werden.

Das morphematische Prinzip ist auch für die Schreibung von ***Zusammensetzungen*** von Bedeutung. Dies betrifft wieder die Umlautung (Ver-käufer-in) und die Auslautverhärtung (Handschuh), zudem aber vor allem die Wortfuge. Dabei treten zwei Fehlermöglichkeiten auf:

- Das Wortende des ersten Wortes und der Wortanfang des zweiten Wortes klingen gleich. Jedes Wort muss „ganz" geschrieben werden (Fahrrad, Handtasche).
- Zwei Wörter werden durch eine s-Fuge verbunden. Dies führt besonders im Zusammenhang mit auslautendem <-t> des ersten Wortes zu Fehlern, nämlich zur Schreibung eines <z> (Geburtstag, Arbeitszeit).

Der letzte Hauptbereich des morphematischen Prinzips ist die ***Zusammensetzung mit Vor- und Nachsilben*** (sowie Endungen). Der Fettdruck in der folgenden Tabelle weist auf die Schreibschwierigkeit hin. Außerdem werden die Wortarten trainiert. Das Gleichschreibungsprinzip mit seinen Phänomenen wird hier in besonderer Weise augenscheinlich.

Wiewort	
Vordere Wortbausteine	Hintere Wortbausteine
un-, ver-, vor-, ur-, super-, **miss-**	-i**g**, -lich, -haft, -ba**r**, -sam, -los, -isch, -fest, -echt, -(-er)n, -**leer**, -**mäßig**

Es gibt natürlich weit mehr Wortbausteine, vor allem Halbpräfixe, besonders aus fremdsprachlichen Bereichen entlehnt. Diese sind für den Grundschulbereich nicht so relevant, können aber durchaus von den Kindern ergänzt werden.

Tunwort	
Vordere Wortbausteine	Hintere Wortbausteine
ver-, be-, en**t**-, er-, zer- (mi**ss**-, in-) ab-, aus-, an-, ein-, auf-, durch-, um-, über-, unter-, **v**or-, nach-, zu-, mit-, los-	Gibt es nicht! Hier gibt es nur Endungen, die das Tunwort in Abhängigkeit der Personalform oder Zeit verändern.

Namenwort	
Vordere Wortbausteine	Hintere Wortbausteine
Un-, Mi**ss**-, Ge- (wird oft mit h geschrieben, weil gehen so häufig ist.) Die Vorsilben der Tunwörter sind auch bei den Nomen verwendbar, besonders häufig, wenn das Nomen aus einer Ableitung des Verbs entstanden ist.	-er (Prüf-er; angehängt an den Stamm, für jemand, der etwas tut), -ler, -ner, -ling, -ung, -heit, -keit, -nis (-ni**ss**e), (-**er**)ei (Bäckerei, Ziegelei), -chen, -lein, -in (-innen) [= oft im Zusammenhang mit der Endung -er+-in (Lehrerin, Läuferin); keine 2 r!], -schaft, -tum, -zeu**g**, -ma**nn**

Die oberen Bereiche weisen deutlich darauf hin, dass die ***Arbeit mit Wortfamilien*** eine wichtige Hilfe darstellt. Sie sollte grundsätzlich im Zusammenhang mit den zu erarbeitenden Wörtern als Übung angeboten werden.

> Beispiel: Die Arbeit könnte folgendermaßen aussehen: Es werden gerade acht Lernwörter geübt. Zu mindestens zwei Wörtern lassen sich meist mehrere Beispiele aus der Wortfamilie finden. Diese Wörter werden bei der Einführung genannt oder sind auf der Wortkarte gekennzeichnet. Für die Kinder wird es zum Ritual hierfür Vertreter der Wortfamilie zu suchen. Diese werden auf Wortkarten geschrieben und an der Seitentafel aufgehängt. Im Laufe des Lernprozesses kann dies immer differenzierter geschehen, indem Spalten mit „Vorsilbe", „Nachsilbe", "Zusammensetzung mit anderen Wörtern" eingeführt werden. Durch diese kontinuierliche Arbeit erfahren die Kinder das Gleichschreibungsprinzip sehr intensiv.

Zum Abschluss folgt ein Beispiel, das Kindern in der Weise selten nahe gebracht wird:

> Beispiel: Wann schreibe ich <f> und wann <v>? Hier kann als Grundregel gelten: <f> verwende ich für den Wortstamm, <v> für die häufigen Vorsilben: ver- und vor. Daneben gibt es einige wenige Wörter mit <v>, die ich lernen muss; das sind vorwiegend: viel, vier, Vogel, Vater, Vase, Volk (und deren Zusammensetzungen). Diese sechs Beispiele sind die einzigen, die im Grundwortschatz aufgeführt sind. Diese Wörter (und einige aus dem individuellen Wortschatz) müssen auswendig gelernt werden.

3.4 Das grammatische Prinzip

Das grammatische Prinzip bietet nichts Neues: Es betrifft im Rahmen des Grundschulunterrichts die Großschreibung der Nomen und den Satzbeginn. Für die Großschreibung der Nomen gibt es die unterschiedlichsten Erklärungsformen. Sie werden hier noch einmal in einer Übersicht dargestellt. Im Verstehenshorizont des einzelnen Kindes kann es immer wieder zu Missverständnissen kommen (siehe Kap. I/2.2 Strategien der Kinder). Da dies aber auf jede Erklärungsform zutrifft, muss dieses Missverständnis ***im Einzelfall*** durch eine Alternative behoben werden.

Erklärungsform	Reichweite
Ein Namenwort ist es, wenn ein Begleiter dazu gehört. (Grammatische Erklärung)	Dies ist die umfassendste Erklärung, wenn deutlich wird, dass dieser Begleiter nicht unbedingt im konkreten Satz auftauchen muss.
Namenwörter bezeichnen Menschen, Tiere, Dinge; oder: Alles, was ich sehen, anfassen kann. (Semantische Erklärung)	Abstrakta und Substantivierungen können so nicht gefasst werden.
Nachsilben: -heit, -keit, -nis, -ung, -schaft kennzeichnen Nomen (Morphematische Erklärung)	Betrifft nur einen begrenzten Bereich. (Wird meist additiv zur Ergänzung der oben entstandenen Erklärungslücke hinzugefügt.)
Namenwörter stehen an bestimmten Stellen im Satz, bzw. übernehmen eine bestimmte Funktion im Satz.	Mit Hilfe von Ersatz- und Umstellproben werden die Satzglieder bestimmt. Ausnahme: Genitivattribute und adverbiale Ergänzungen. (Erfordert sehr intensives grammatisch-analytisches Denken.)

Die Übersicht zeigt, dass die Artikelprobe am weit reichendsten ist und deshalb die unterrichtliche Grundlage darstellen sollte. Wichtig ist hier vor allem, dass die Kinder üben, Adjektive einzufügen und die Artikelprobe am Grundwort durchzuführen, z. B.: Freunde sind mir wichtig; der Freund.

3.5 Besonderheiten der Rechtschreibung (Merkwörter)

Bei den einzelnen Prinzipien wurde auf die „Ausnahmen" (die im logischen Sinne keine sein müssen!) hingewiesen. Hier sollen all die Bereiche, die Klippen für die Schüler darstellen, noch einmal im Überblick aufgezeigt werden.

Schreibung des Langvokals: (% entnommen: Mann 1995, S. 61) In Spalte 2 und 3 werden die Beispiele aus dem GWS aufgeführt (angegeben wurde immer nur das erste Lexem). Die Übersicht zeigt sehr deutlich, dass der Langvokal ***normalerweise ohne besondere Kennzeichnung*** verschriftet wird. (Vgl. II/2.4. Wörter mit orthografischen Merkstellen)

Schreibung des Langvokals ohne besondere Kennzeichnung in %	Wörter mit Dehnungs-h oder *silbentrennendem h*	Wörter mit doppeltem Selbstlaut
Langvokal: /a:/ = <a> 88%	Jgst.1/2: bezahlen, fahren, Jahr, Zahl, Zahn Jgst.3/4: Draht, Gefahr, Nahrung, *nah*	Jgst. 1/2: Haare
Langvokal: /e:/ =<e> 86 %	Jgst.1/2: nehmen, zehn, *sehen, Zehe* Jgst.3/4: ehrlich, Fehler, mehr, umkehren, *drehen, Fernseher, geschehen, Reh*	Jgst.1/2: Schnee, Tee Jgst.3/4: Meer, See

Schreibung des Langvokals ohne besondere Kennzeichnung in %	Wörter mit Dehnungs-h oder *silbentrennendem h*	Wörter mit doppeltem Selbstlaut
Langvokal: /i:/ = <**ie**> 78%	„ihm, ihn, ihr" und die entsprechenden Flexionen sind die einzigen Fälle mit Dehnungs-h. Jgst.3/4: *ziehen*	existiert nicht-
Langvokal: /u:/ = <u> 97%	Jgst.1/2: Uhr, *Schuh* Jgst.3/4: Stuhl, *Ruhe*	existiert nicht
Langvokal /o:/ = <o> 88%	Jgst.1/2: Ohr, wohnen Jgst.3/4: bohren, Lohn, ohne	Jgst.3/4: Boot, Moos
Langvokal /ä:/ = <ä> 66%	Jgst.3/4 ähnlich, erzählen, ungefähr, wählen, während	existiert nicht
Langvokal /ü:/ = <ü> 80%	Jgst.1/2: Frühling, *blühen* Jgst.3/4: fühlen, führen, kühl, rühren, *glühen*	existiert nicht
Langvokal /ö:/ = <ö> 85%	Jgst.3/4 fröhlich, Höhle, *Höhe*	existiert nicht

Außerdem gelten alle Wörter mit <ß>, mit <v> und <ä> im Wortstamm und Fremdwortschreibungen (vor allem: <c>, <Ch> und <y>) als Merkwörter. Im fortgeschrittenen Lernprozess müssen auch Schreibungen, die ein <i> für den Langvokal enthalten, gesondert eingeprägt werden.

3.6 Zusammenfassung

Die deutsche Orthografie ist nicht einfach, weist aber klare Regularitäten auf. Dabei ist es wichtig, vor allem den Aufbau der ersten Stammsilbe eines Wortes zu betrachten. Für Grundschulkinder ist von entscheidender Bedeutung, dass sie folgende Operationen verinnerlichen:

1. Ich spreche ein Wort überdeutlich und in Silben getrennt.
2. Ich spreche oder denke zu jeder einsilbigen Wortform eine zweisilbige und umgekehrt.

Außerdem sind die Kenntnis der Wortart und der Umgang mit Vor- und Nachsilben einzuüben. Wenn diese grundlegenden Punkte gelingen, bleiben als Ausnahmebereiche vor allem: die bezeichnete Dehnung, Wörter mit ß, v und ä im Wortstamm, sowie solche, die den <ks>-Laut enthalten und Fremdwörter.

Teil II: Praktische Umsetzung des Lehrplans

Die folgende Gliederung hält sich an den Aufbau des Lehrplans in den Jahrgangsstufen 1/2, 3 und 4. Damit soll die Orientierung und das schnelle Zurechtfinden erleichtert werden.

1 Wahrnehmung schulen und Strukturen erkennen

Mit der Schulung der Wahrnehmung ist kein Funktionstraining gemeint. Wahrnehmung ist vielmehr ein konstruktiver Vorgang. So werden mit der Schulung der Wahrnehmung kognitive Schemata eingeübt. „Weil wir nur sehen können, wonach wir zu suchen vermögen, bestimmen diese Schemata (zusammen mit der wirklich verfügbaren Information), was wahrgenommen wird. [...] In jedem Augenblick konstruiert der Wahrnehmende Antizipationen bestimmter Arten von Informationen, die ihn dazu befähigen, sie aufzunehmen, wenn sie verfügbar werden.“ (Neisser 1979, S. 26 nach Augst/Dehn 1998, S. 59)

1.1 Auditive Wahrnehmung als Basis für sichere Rechtschreibleistungen

1.1.1 Phonologische Bewusstheit

Der Lehrplan greift auf die Erkenntnisse der Forschung zur Vermeidung von Legasthenie zurück und betont besonders in den Jgst. 1/2 die Wichtigkeit der phonologischen Bewusstheit. „Sensibel werden für Laute und Rhythmen“, „Vorgegebene Reimwörter erkennen, sprechen und zuordnen“ und „Lautgetreue Wörter in Schriftsprache umsetzen“ sind die entsprechenden Inhalte in den Jahrgangsstufen 1/2. (Vgl. Lehrplan für die Grundschulen in Bayern, S. 83)

Phonologische Bewusstheit haben die Kinder erreicht, wenn sie über die Sprache nachdenken können, ohne dass der Bedeutungsinhalt des Wortes im Vordergrund steht. Die Sprache selbst wird Gegenstand der Betrachtung. Kinder, die diese Fähigkeit noch nicht haben, beantworten die Frage „Welches Wort ist länger, Kuh oder Marienkäfer?“ mit „Kuh“. Die Kuh ist viel größer als ein Marienkäfer, deshalb muss auch das Wort länger sein. Sie können die Bedeutung und den Sprachklang noch nicht voneinander trennen.

Die phonologische Bewusstheit vertieft sich von der phonologischen Bewusstheit im weiteren Sinne zur phonologischen Bewusstheit im engeren Sinne.

Phonologische Bewusstheit im weiteren Sinn

Bereits im Kindergartenalter wäre der richtige Zeitpunkt, um mit der Schulung zu beginnen. Die Übungsformen sind in den Kinderliedern, Sprechversen und Abzählreimen bereits enthalten, denn die phonologische Bewusstheit im weiteren Sinne bezieht sich hauptsächlich auf den Sprechrhythmus. (Vgl. Küspert/Schneider 1999)

Reimwörter suchen:
Hier ist nur auf den Klang der Wörter zu achten, unabhängig davon, ob auch das Schriftbild sich entspricht. So ist ein Reim "*Ich esse meine Banane immer nur mit frischer Sahne*" oder "*Moor - Tor*" richtig. Wenn die Aufgabe sich auch auf das Verschriften bezieht, müssen die Wörter auch gleich geschrieben werden: *Kopf - Topf - Zopf.*

Silben erkennen:
Die Silbenstruktur der Wörter erleichtert das Identifizieren der einzelnen Laute im Wort. Es ist hilfreich, am Anfang offene Silben (Vokal am Silbenende) zu wählen, z. B. *Ba-na-ne, Toma-te.* Sollen die Silben auch verschriftet werden, müssen die Wörter lautgetreu sein, also nicht *Sah-ne.* Im nächsten Schritt werden Wörter mit geschlossenen Silben oder mit Mitlauthäufungen angeboten, z. B. *Blu-me, Glas, Lam-pe, Kro-ko-dil, Pa-pri-ka.* Silbenübungen wie Silben tanzen, Silben klatschen, Silben klopfen oder Silbenbögen zeichnen sind ein wesentlicher Bestandteil des Rechtschreibunterrichts und müssen nicht nur in der ersten Jahrgangsstufe bei jeder Schreibaufgabe durchgeführt werden (vgl. Kap. I/3 Prinzipien der deutschen Orthografie).

Phonologische Bewusstheit im engeren Sinn

Die phonologische Bewusstheit im engeren Sinne bezieht sich auf die genaue Analyse der einzelnen Phoneme. Im Schriftspracherwerb brauchen die Kinder diese Fähigkeit zur Festigung der Laut-Buchstabenbeziehung. Gleichzeitig wird sie durch gezielte Übungen weiter geschult. Damit ist die phonologische Bewusstheit sowohl Voraussetzung als auch Ergebnis eines erfolgreichen Schriftspracherwerbs.

Gleiche Anlaute suchen:
Gleiche Anlaute herauszusuchen lenkt die Aufmerksamkeit auf die gesprochene Sprache und schult die akustische Wahrnehmung. Im Schriftspracherwerb müssen diese Übungen besonders in der Anfangszeit intensiv trainiert werden. Kinder, die damit Probleme haben, sollten besonders aufmerksam beobachtet und gefördert werden. Sie können später Probleme mit dem Erlernen des Lesens und Schreibens bekommen.

Wörter verzaubern:
Durch die Veränderung eines Buchstabens ändert sich die Bedeutung des Wortes. Aus *Tisch* wird *Fisch*, aus *Hose* wird *Hase* usw. Die Kinder erfahren so die Funktion der Buchstaben und erkennen den Aufbau unserer Schrift als Buchstabenschrift.

Phonem-Graphem-Zuordnung:
Durch das frühe eigenständige Verschriften wird diese Zuordnung sehr intensiv geschult. Für Kinder, die Wörter nur unvollständig abhören können, ist ein gezieltes Angebot an lauttreuen Wörtern mit steigendem Schwierigkeitsgrad als Trainingsaufgabe hilfreich.

Zur Unterstützung des genauen Abhörens kann ein Handlungsplan mit folgenden Regeln erarbeitet werden:

- Sprich das Wort in Silben und lege für jede Silbe ein Silbenkärtchen bzw. Silbenfenster!
- Dehne das Wort wie an einem Gummiband!
- Lege für jeden Laut, den du hörst einen Muggelstein!
- Schreibe zu jedem Stein den passenden Buchstaben!
- Vergleiche dein Wort mit der Wortkarte auf der Rückseite!

Besonders diese letzte Übung zur phonologischen Bewusstheit geht in die intensiven Übungen des lauttreuen Schreibens über (vgl. Kap. II/2.1 Mitsprechwörter).

1.1.2 Lautqualitäten erkennen und unterscheiden

Der Lehrplan fordert eine gezielte Arbeit am Unterscheiden der verschiedenen Lautqualitäten. Diese bezieht auch die Unterscheidung b/p, d/t und g/k ein. Dabei wird oft die Frage nach der Ranschburgschen Hemmung gestellt. Werden die Kinder nicht verwirrt, wenn sie /b/ und /p/ in der Gegenüberstellung voneinander unterscheiden sollen? Hier trifft die Lernhemmung, die mit der Verwechslung ähnlicher Inhalte gemeint ist, nicht zu. Die Kinder können anhand der überdeutlichen Aussprache und ihrer größeren Sensibilität für Laute herausfinden, welche Lautqualität die richtige ist. Die Ranschburgsche Hemmung greift immer dann, wenn etwas auswendig gelernt werden muss und nicht durch eine Strategie überprüft werden kann.

Besonders die Unterscheidung der verschiedenen Klangqualitäten bei den Vokalen ist für die Strategie der Mitlautverdopplung eine wichtige Voraussetzung. Mit den Übungen zur offenen und geschlossenen Silbe werden die Kinder immer wieder in dieser Fähigkeit geschult. So klingt in *Se-gel* das betonte /e/ hell, während es in *Sen-se* dunkel oder gequetscht oder kurz klingt. In *Se-mel* würde sich das /e/ breit machen und der Wortklang wäre verändert, deshalb müssen wir *Semmel* schreiben. (Vgl. Kap. II/2.3 Wörter mit doppeltem Mitlaut)

In den Jgst. 3 und 4 liegt ein Schwerpunkt der Arbeit in der korrekten Schreibweise der starken Verben. Hier ist das Prinzip der Lautorientierung wieder grundlegend. Die Lautung darf der Schreibung nicht widersprechen. So schreiben wir *kommen*, aber *kam* oder *bitten*, aber *bat*.

1.2 Deutliches, an die Schriftsprache angepasstes Sprechen

Zunächst muss im Unterricht die Fähigkeit lautgetreu zu schreiben als grundlegende Schreibstrategie aufgebaut werden. Die Lautfolge eines Wortes wird abgehört und in die Buchstabenfolge übersetzt (vgl. Kap. II/2.1 Mitsprechwörter). Im Fachprofil des Lehrplans Deutsch heißt es dazu: „Hilfreich ist ihnen (den Schülern, Anm. d. Verf.) dabei ein deutliches, der Schriftsprache angepasstes Sprechen, das Zerlegen von Wörtern in Silben und die rhythmische Sprechweise.“ (Lehrplan für die Grundschulen in Bayern, S. 83)

Die Pilotsprache

Damit das Mitsprechen als Grundstrategie des Schreibens sinnvoll wird, dürfen die Schüler dabei nicht in ihrer Umgangssprache sprechen, sondern müssen eine spezielle Rechtschreibsprache erlernen. Diese wird häufig in der Fachliteratur als Pilotsprache bezeichnet. Andere Bezeichnungen wie Spürnasensprache, Diktiersprache, Robotersprache lassen die zwei Aspekte dieser Rechtschreibsprache schon im Wort erkennen (nach Spiegel 1999, S. 140 ff.):

Aspekt 1: Überdeutliche Artikulation des Wortes

Die Schüler lernen im Gegensatz zur Normallautung alle hörbaren Buchstaben des Wortes überdeutlich und langsam zu sprechen. Diese spezielle Sprechweise wird für jedes Wort eingeübt und gelernt anhand des geschriebenen Wortes. „Wie muss ich /ha:bm/ sprechen, um es richtig zu schreiben? /ha:ben/." (Mann 1997, S. 17) An dieser Stelle des Lernprozesses sollte ein bewusster Vergleich der Buchstabenfolge mit der eigenen Artikulation erfolgen. „Welcher Laut klingt nur ganz undeutlich, so dass ich leicht einen Buchstaben vergessen kann?" Die akustische und artikulatorische Durchgliederung des Wortes dient einerseits dem Einprägen der Graphem-Phonem-Abfolge und andererseits werden dadurch die Abweichungen von derselben herausgefunden.

Aspekt 2: Sprechen des Wortes in Silben

Die Schüler lernen die Wörter beim Sprechen in Silben zu zerlegen: *Ba-na-ne*. Bei der Silbensprechweise ist zu beachten, dass die Sprechsilben bei der Normallautung eines Wortes nicht immer mit den Schreibsilben übereinstimmen. Besonders bei Wörtern mit Mitlautverdopplung tauchen diese Unterschiede auf: So spricht man normalerweise *Mu-ter*, die Zerlegung in die Schreibsilben *Mut-ter* muss erst bewusst gemacht werden.

Diese Rechtschreibsprache wird auch beim Schreibvorgang angewandt, d. h. die Schüler sprechen – während sie ein Wort aufschreiben – das Wort im Silbenrhythmus langsam und überdeutlich mit. (Vgl. Kap. II/2.1 Mitsprechwörter)

1.3 Geschriebene Wörter strukturieren

Neben der stärkeren Betonung der auditiven Wahrnehmungsfähigkeit darf die visuelle Wahrnehmung nicht vergessen werden. Nach Augst/Dehn ist die Speicherung und Wiedererkennung von Schreibschemata ein wesentlicher Faktor auf dem Weg zur Automatisierung im Schreibprozess. Dabei sind Schreibschemata nicht gleichzusetzen mit Wortbildern, die sich stärker an der äußeren Gestalt des Wortes orientierten. „Schreibschemata sind von links nach rechts geordnete lineare Buchstabenfolgen, deren innere Ordnung eine hohe Strukturverwandtschaft zu den Lautschemata der gesprochenen Sprache hat." (Augst/Dehn 1998, S. 42) Dabei werden als Schemata nicht nur Wörter, sondern auch mögliche Buchstabenkombinationen gespeichert. Augst/Dehn bezeichnen diese als „Muster". (Augst/Dehn 1998, S. 43)

1.3.1 Visuelle Wahrnehmung schulen

Die Übungen zur Schulung der visuellen Wahrnehmung werden mit Buchstaben und Wörtern durchgeführt. Schriftfremde Übungen wie das Heraussuchen gleicher Zeichen tragen nicht zur Verbesserung der Rechtschreibleistungen bei.

Verfremdete Wörter:
Wörter in verschiedenen bzw. verfremdeten Schriften wieder zu erkennen macht bereits beim Schriftspracherwerb den Kinder viel Spaß:

Haus	💣☼♋◆⧫	Maus	M●●s	Haus
Maus	H●●s	Haus	Maus	☝♋◆⧫

Versteckte Wörter:
Besonders die kleinen Strukturwörter eignen sich für diese Aufgabe.

Wo hat sich ein versteckt? Schweinestall - Weinflasche - einkaufen - einsam - meine Beine - Scheinwerfer - kleine Wildschweine - weinen - seine Meinung

Lange Wörter:
Zunächst können zusammengesetzte Namenwörter wieder in ihre Einzelwörter zerlegt werden, z. B. *Blumen-Topf, Garten-Tür, Bade-Wanne* oder *Blumen-Topf-Erde, Garten-Tür-Schloss, Bade-Wannen-Wasser* usw.

1.3.2 Wortbausteine entdecken

Die „Muster“ nach Augst/Dehn (s. o.) helfen den Kindern, orthografische Schreibweisen in ihre Schreibschemata aufzunehmen. Die Endungen *–el* und *–er* sind solche Muster, denn sie entsprechen dem Lautschema /insl/ bzw. /muta/. Die Kinder erkennen, dass die Sprechsilben /in-sl/ mit <in-sel> geschrieben werden, bzw. dass der einem /a/ ähnliche Laut am Wortende oft mit <er> verschriftet wird.

Wortlisten, die dieses Phänomen enthalten, unterstützen den Aufbau des Schreibschemas. Sie sind im Anhang nach Jahrgangsstufen gegliedert einzeln aufgelistet. (Vgl. Anhang Nach Rechtschreibstrategien geordneter Grundwortschatz)

Neben den Endungen bilden mögliche Silbenanfänge solche Schreibmuster. Es gibt z. B.
 als Silbenrand aber nicht <rb>. Diese Mitlauthäufungen sind schwierig abzuhören. Zur Übung können in einem Text gezielt solche Stellen herausgesucht werden.

Der braune Hase springt über die grüne Wiese. Zwischen den grünen Gräsern blühen bunte Blumen.

1.3.3 Strukturen sichtbar machen

Die Silben eines Wortes können durch Silbenbögen, Silbenfenster oder durch Silbenabstände sichtbar gemacht werden. Auch die Hervorhebung des Vokals als Silbenkern unterstützt die silbische Gliederung:

Ne bel	Am pel	Wur zel	Blu men zwie bel	Fin ger na gel
Bru der	Win ter	Toch ter	Ka len der	Vo gel nes ter

Bei den Verben helfen die Abgrenzungen der Flexionen, um rechtschriftliche Muster auszubilden. So bildet das grammatikalische t in der 3. Person Einzahl eine Fehlerquelle, da es mit der Auslautverhärtung vermischt wird und einige Kinder die Strategie „Ich höre –t, *aber* ich schreibe -d“ falsch anwenden. Diese Übergeneralisierung kann durch die optische Hervorhebung des Buchstaben <t> in der flektierten Form der Verben wieder abgebaut werden.

macht - malt - turnt - schreibt - hebt - singt - legt

1.3.4 Morphologische Bewusstheit als wirksame Förderung des Rechtschreibens

Unter Morphem wird die kleinste bedeutungstragende Einheit der Sprache verstanden. Danach sind Haupt- oder Stammmorpheme und funktionale Morpheme zu unterscheiden. (Vgl. Kap. I/3.3 Das morphematische Prinzip)

Anfangsmorphem (funktional)	Stamm- oder Hauptmorphem (bestimmt den eigentlichen Sinn eines Wortes)	Endmorphem (funktional)
be	wohn	en
Ein	käuf	er
an	schau	lich
Ver	schmutz	ung
Über	sicht	lich keit

Neben dem silbischen Prinzip ist das morphematische Prinzip entscheidend für die Rechtschreibsicherheit. Viele Schreibweisen sind darauf zurückzuführen. (Vgl. II/2.2.2 Die Auslautverhärtung und II/2.2.3 Die Umlaute) Die Morphemstruktur gliedert ein Wort und unterstützt damit seine orthografische Aneignung. Nach Jürgen Walter ist die Wirksamkeit spezifischer Trainings zur morphologischen Bewusstheit empirisch erwiesen (Walter 1996, S. 285).

Außerdem verringert die Stammerhaltung als Prinzip der deutschen Sprache die geforderte Gedächtnisleistungen, da *fährt, fahren, gefahren, befahren, Fahrer*, usw. nicht einzeln gespeichert werden müssen.

2 Rechtschreibstrategien aufbauen und sichern

Die dem Grundwortschatz vorangestellte Übersicht über die Rechtschreibstrategien will den Blick der Lehrkraft auf das Herzstück des neuen Lehrplans im Bereich Richtig schreiben lenken: **die Vermittlung der wichtigen Rechtschreibstrategien**.

In Praxis Deutsch, Heft 124, heißt es: „Was wir also fordern und fördern wollen, ist nicht die ‚Beherrschung aller Rechtschreibregeln', sondern ein Verständnis der Prinzipien der Schreibung..." (Eisenberg 1994, S.15)

Die deutsche Rechtschreibung ist keine Ansammlung von Ausnahmen, die für den Benutzer undurchschaubar sind, sondern es kann eine Struktur aufgezeigt werden, die durch die Vermittlung der wichtigen Strategien deutlich wird. „Verwunderlich ist es eher, wie viel Ordnung die Orthographie dem zeigt, der sie sehen will." (Naumann 1987, S.14) Durch fachdidaktische und unterrichtsmethodische Hinweise sollen die angeführten Strategien für die Umsetzung im Schulalltag transparent gemacht werden.

2.1 Mitsprechwörter

Die vierte der 20 Rechtschreibthesen von Brügelmann lautet:

„Lautgerecht schreiben zu können, ist die Grundlage jeden recht-Schreibens
Den Lautbezug der Orthographie («phonologisches Prinzip») müssen Kinder als Grundprinzip der alphabetischen Schrift begreifen. Ziel des 1. Schuljahres ist es deshalb, dass Kinder Wörter mindestens lauttreu schreiben, d. h. dass der gemeinte Wortklang aus den von ihnen geschriebenen Buchstabenfolgen rekonstruierbar ist. 'Wer orthographisches Können vor der Lautschrift fordert, ist wie einer, der das Tanzen während der Krabbelphase zu lehren versucht '(Sennlaub)." (Brügelmann 1992, S. 37)

Alle Rechtschreibdidaktiker betonen die Wichtigkeit dieser Grundstrategie als Basis für eine zukünftige Rechtschreibkompetenz. Ganz deutlich wird hier die Verbindung zum Schriftspracherwerb. Das Grundverständnis für die Laut-Buchstaben-Beziehung ist die Voraussetzung für den Schriftspracherwerb. Defizite in diesem Bereich müssen aufgefangen werden, damit es nicht zu einer Lese-Rechtschreib-Schwäche kommt. So ist es im Anfangsunterricht die zentrale Aufgabe, die Verbindung zwischen Laut und Buchstabe zu festigen (vgl. dazu auch II/1.1.1 Phonologische Bewusstheit).

Auf dieser Grundlage baut der Bereich Richtig schreiben auf. Darum heißt es im Zielblock 1/2.3.2 Richtig schreiben: „Am Ende der Jahrgangsstufe 1 sollen die Schüler Wörter lautgetreu schreiben können. Auch andere Schreibweisen sind ihnen bereits bekannt; sie brauchen sie aber noch nicht eigenständig zu beherrschen." (Lehrplan, S.83)

Unterrichtliche Umsetzungsmöglichkeiten

Wörter nach ihrer Lautfolge und Lautanzahl abhören

Das Strukturieren der Wörter nach der Anzahl und der Abfolge der Laute fällt vielen Kindern lange Zeit schwer. Es bedarf dazu beim Sprechen der Standardsprache, denn nur dann können alle hörbaren Laute abgehört werden. Wenn wir in diesem Bereich arbeiten, ist es gleichzeitig ein Beitrag zur Schulung des deutlichen Sprechens.

Um das auseinander gezogene Sprechen der einzelnen Laute (vgl. II/1.2 Deutliches, an die Schriftsprache angepasstes Sprechen) den Kindern bewusst zu machen, kann man folgende Veranschaulichung wählen:

Die entsprechenden Buchstaben des Wortes werden auf Pappe geschrieben und dann in der Mitte auf ein etwa 1 cm breites Hosengummiband getackert. Die Schüler lesen nun zuerst das Wort mit den aneinander gefügten Buchstaben: Radio. Dann wird das Wort auseinandergezogen: R - a - d - i - o. Dabei artikulieren wir jeden Buchstaben überdeutlich. Ob nun der Begriff Pilotsprache, Gummibandlesen oder sonst ein von den Kindern vorgeschlagener Begriff entsteht, ist nebensächlich.

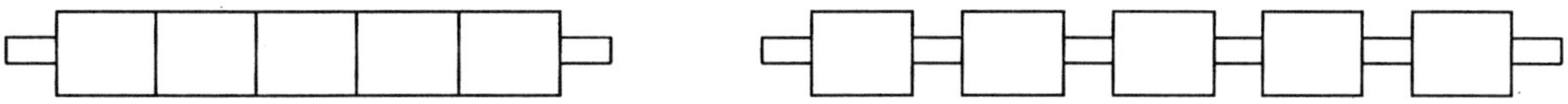

Besonders geeignet sind für den Beginn Wörter mit offenen Silben und ohne Mitlauthäufung: Dose, Hase, Auto, Auge, Banane, Tomate, Gemüse, Schale
Dann folgen Wörter wie Blume, Blüte, Glas, braun, Ente, kalt.

Bei Wörtern wie Hase, Banane, Tisch, Buch, Blume oder Flöte haben wir eine Phonem-Graphem-Zuordnung von 1:1. Jedem Laut entspricht ein Buchstabe bzw. eine Buchstabenverbindung wie ch, ng oder sch. Hier kann von der Grundstrategie des lautgetreuen Schreibens gesprochen werden.

Nehmen wir die Definition von Chr. Mann (vgl. Mann 1997, S. 12), dass wir Wörter mit der häufigsten graphemischen Verschriftung in die Kategorie der lautgetreuen Mitsprechwörter einordnen, so erweitert sich das Wortmaterial entsprechend. Vgl. dazu auch den Satz im Lehrplan „Durch zunehmende Automatisierung entwickeln sich Nachdenkwörter mit phonologischen Regelhaftigkeiten zu Mitsprechwörtern.“ (Lehrplan S. 293)

99% aller Wörter mit dem Laut /ai/ werden z. B. mit <ei> verschriftet. Setzt die Automatisierung dieses Lautes meist schon in der Jgst. 1 ein, so differiert der Zeitpunkt bei den phonologischen Regelhaftigkeiten eu, sp/Sp, st/St und qu zwischen der Jgst. 2. bis Ende der Jgst. 3.

Ein weiterer Bereich sind die Wörter mit den Endungen bzw. Wortbausteinen –el, -en und –er (vgl. Lehrplan S. 292). Durch den Vergleich von Sprech- und Schreibweise und dem Wissen, dass in jeder Silbe ein Vokal sein muss, werden Wörter mit diesen Wortbausteinen gebündelt und so in ihrer Schreibweise transparent gemacht und gesichert: Apfel, Flügel, Bruder, Schwester, Garten, laufen usw. (Vgl. II/1.3.2 Wortbausteine entdecken)

Die Lautkette

Um die Anzahl der Laute zu verdeutlichen, können Kinder mit der Lautkette arbeiten. Hierfür können aufgezogene Holzperlen oder auch durchbohrte Kastanien verwendet werden.

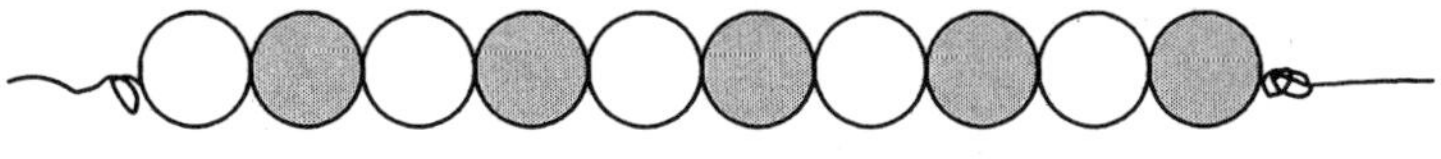

Jedes Kind lautiert das entsprechende Wort und schiebt für jeden gehörten Laut eine Kugel auf die Seite. Auf ein Zeichen der Lehrkraft zeigt jeder Schüler die Anzahl der gehörten Laute an der Kette. Ein schnelles Überprüfen der gesamten Klasse ist möglich und falsche Zuordnungen können individuell aufgefangen werden.

Das parallel verlaufende Sprechen in der „Gummibandsprache“ und Schieben erweist sich besonders für Kinder mit Schwächen bei der auditiven Wahrnehmungsfähigkeit als hilfreich.

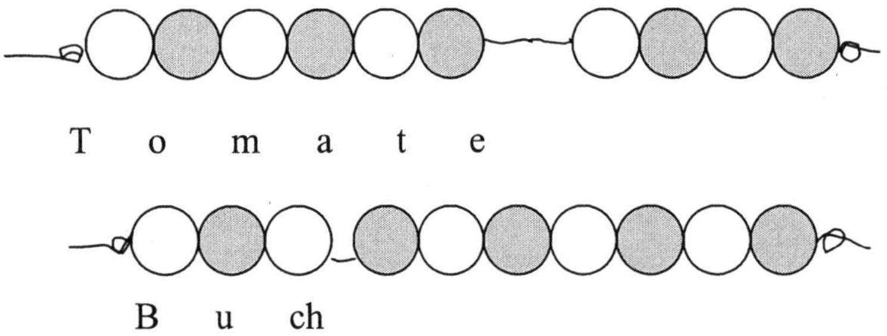

Genauso können auch Wortteile mit passender Lautierung gezeigt werden:

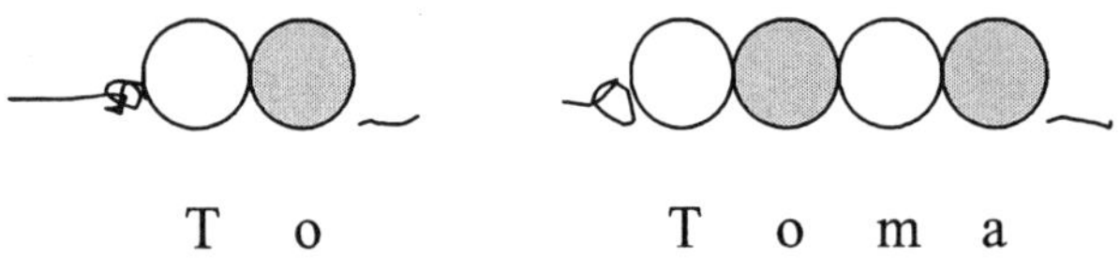

Für die Lehrkraft ist eine Lautkette mit großen Kugeln zu empfehlen, die von allen Kindern gut gesehen werden kann.

Standortbestimmung einzelner Laute

Ist die Anzahl der Laute festgelegt worden, so können wir mit der nachfolgenden Übung den Standort einzelner Laute genau bestimmen. Dazu bekommen die Kinder z. B. dunkelblaue Muggelsteine und drei helle. Gemeinsam gehen wir, evtl. mit der Figur des Detektivs, auf Spurensuche.

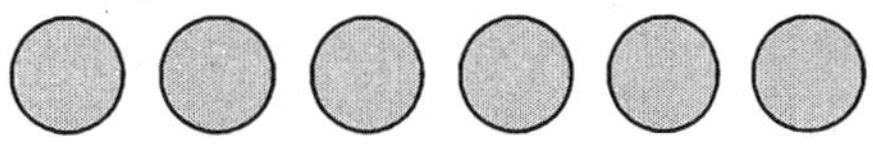

Für Tomate würden die Kinder sechs dunkelblaue Muggelsteine legen. Von den Schülern werden nun verschiedene Arbeitsaufträge gegeben:

Suche den Laut /t/ in Tomate

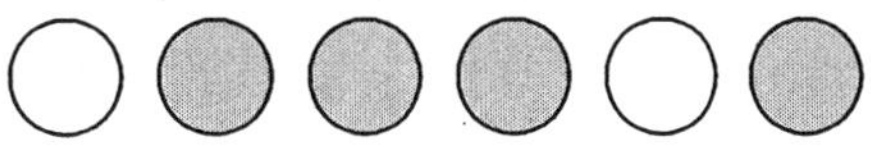

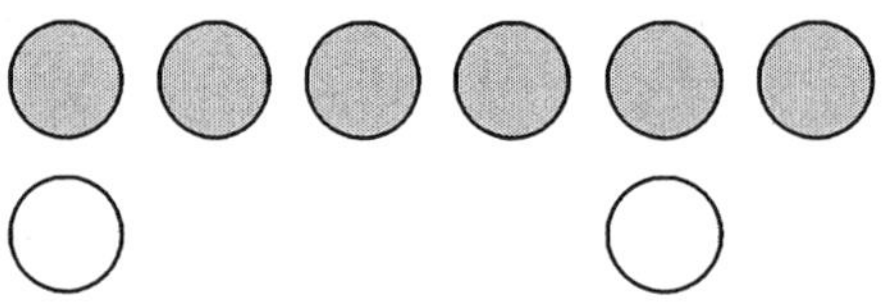

Die dunkelblauen Muggelsteine werden am Standort des Lautes durch die hellen Steine ausgewechselt, bzw. die hellen Steine werden darunter gelegt. Weitere Übungen können angeschlossen werden: z. B.: Suche den Laut /m/ in Tomate usw.

Um die Schüler individuell an der Verschriftung der Mitsprechwörter arbeiten zu lassen, bekommen sie Bildkarten mit entsprechenden Wörtern. Mithilfe von Lautketten oder hingelegten Plättchen für jeden Laut wird die Anzahl der gehörten Laute festgemacht. Diese werden dann verschriftet. Die Rückseite bietet die Kontrolle. (Vgl. II/1.1.1 Phonologische Bewusstheit)

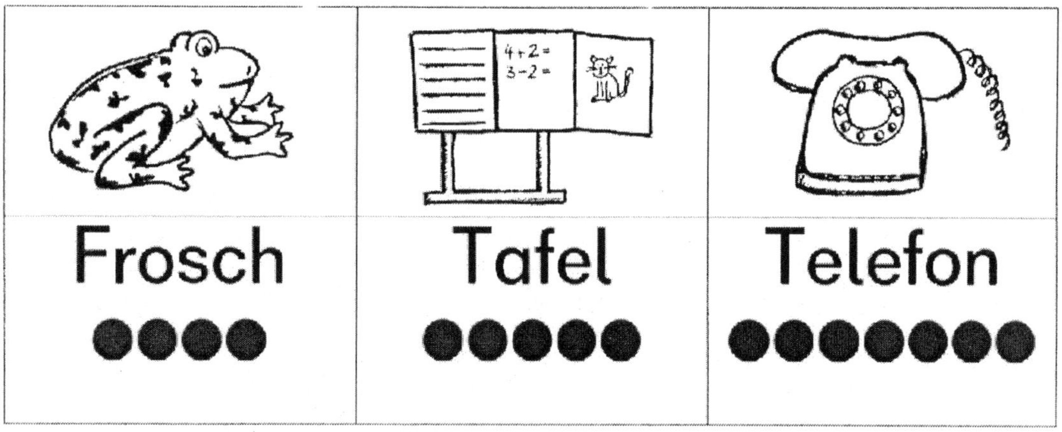

Plakate mit Mitsprechwörtern in Bild- und Wortform

Auf einem Plakat können die Mitsprechwörtern gesammelt werden. Sie dienen zu Wiederholungsübungen und veranschaulichen gut den Lernzuwachs. Plakat A zeigt eine Sammlung von Mitsprechwörtern in Bildform, Plakat B eine geschriebene Sammlung.

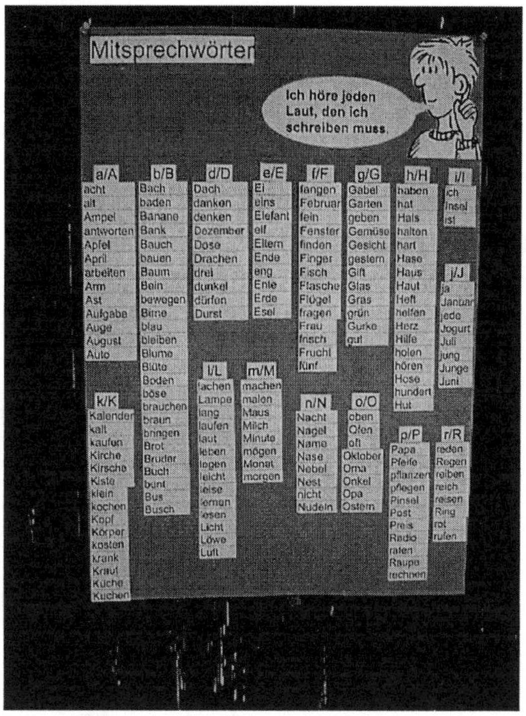

Bildmaterial: Kommentarband Zauberlehrling 2, Diesterweg Verlag

So könnten die Plakate am Ende der Jgst. 2 aussehen. Das Bildmaterial bietet Anreiz zum Verschriften, das Plakat mit den Wörtern dient zur zusätzlichen Kontrolle. Durch Zusammensetzungen können auch lange Mitsprechwörter gebildet werden wie z. B. Bananenmilch, Schultüte, Kirchturmdach usw.

Eine Bilderkartei zu Mitsprechwörtern kann im Lauf der Zeit erarbeitet und auf grünes Tonpapier kopiert werden. Denkt man dabei an das Ampelprinzip „Bei Grün kann ich fahren", so würde das im übertragenen Sinne bedeuten „Bei Grün kann ich ohne große Probleme schreiben". Für die Nachdenk-Bildwörter würde sich dann die Farbe Gelb und für die Merkwörter-Bilderkartei die Farbe Rot anbieten.

Auf die Rückseite dieser Bilderkartei kann das Namenwort in der Einzahl und in der Mehrzahl geschrieben und die Silbenstruktur durch eine kleine Lücke deutlich gemacht werden.

Verkleinerte Bildkarten können auch einem Spielplan zugeordnet werden. Die Kontrolle erfolgt wieder durch die Anzahl der Laute auf der Rückseite.

Übungen zum lautlichen Strukturieren müssen in den Jgst. 1 und 2 zum täglichen Übungsprogramm gehören. Dadurch wird wirkliche Prävention im Blick auf eine mögliche Lese-Rechtschreib-Schwäche betrieben.

Vom Wort zum Satz

Mit den bereits geübten Wörtern gehen wir in unserem Übungsangebot auf die Satzebene:

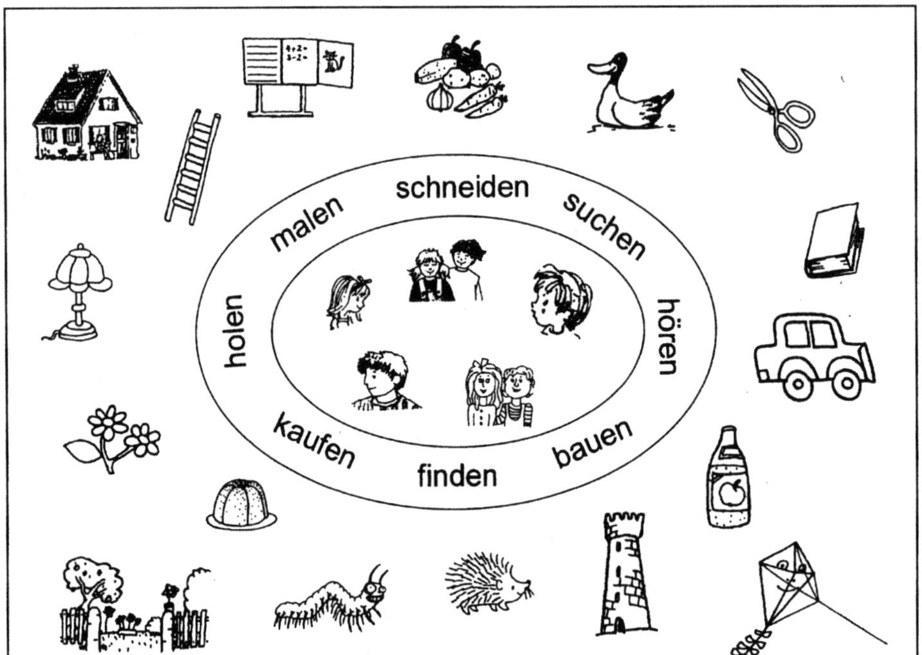

Steinleitner, 2.Kl., 2c, 2001

Die verwendeten Verben müssen sowohl in der Grundform als auch in der Personalform Mitsprechwörter sein; also nicht: *tragen* wegen *trägt*. Je nach Sprachfähigkeit können die Schüler durch dieses aufbereitete Übungsangebot differenziert Sätze bilden:
Peter sucht. Peter sucht die Leiter. Peter sucht die Leiter im Haus.
In Jgst. 2 kann man davon ausgehen, dass die Schreibweise <ei> weitgehend automatisiert ist.

Im Zielblock zum Bereich Richtig schreiben (vgl. Lehrplan S. 83) wie auch bei den Wörtern des Grundwortschatzes für die Jgst. 1/2 wird deutlich, dass die Mitsprechwörter als Grundlage für das Strukturieren und Abhören von Wörtern im Vordergrund stehen. Aber auch in der Jgst. 3 muss diese Strategie immer wieder aufgegriffen und verdeutlicht werden. Das Wissen, dass nach der Definition der häufigsten graphemischen Verschriftung über 50 % der Wörter Mitsprechwörter sind, entlastet und hält die Schüler in zunehmendem Maße davon ab, Wörter zusätzlich mit orthografischen Merkstellen zu versehen (*Wollke, höhren, Venster*). Die Bedeutung des deutlichen Mitsprechens beim Schreiben wird dabei ebenso unterstrichen.

Thematisch könnte zu Beginn der Jgst. 3 diese grundlegende Strategie z. B. am Thema Zirkus wiederholt werden. Wörter wie *Akrobaten, Artisten, Zirkuszelt, Elefant, Zebra, Löwe, Pinguine, Zirkuswagen, Direktor, Zuschauer, klatschen, Musik* könnten hier verwendet und an ihnen die Zuordnung von Laut und Buchstabe bzw. Buchstabenverbindung deutlich gemacht werden.

Die Erfahrung und die Erkenntnis, dass durch genaues lautliches Strukturieren auch so lange Wörter wie *Schokoladenkuchen, Bananenschale, Tomatensalat, Telefonhörer, Blumentopferde, Gemüseauflauf, Stromleitung, Tafelkreide, Rosenstrauch usw.* richtig geschrieben werden können, gibt den Schülern größeres Selbstvertrauen und macht die Notwendigkeit des begleitenden Sprechens beim Schreiben immer wieder deutlich.

Durch entsprechende Standortbestimmungen und Leistungsmessungen können wir die Fähigkeit des einzelnen Schülers bei der Umsetzung dieser Strategie dokumentieren (vgl. II/5 Leistungsmessung) und entsprechende Fördermaßnahmen ansetzen.

2.2 Nachdenkstrategien

In diesen Bereich können wir die phonologischen Regelhaftigkeiten in den Jgst. 1 und 2, die Umlaute ä und äu, die Auslautverhärtung, das silbentrennende h, die Großschreibung, Wörter mit ie und zum entsprechenden Zeitpunkt die Wörter mit einem doppelten Mitlaut, tz und ck einordnen.

2.2.1 Phonologische Regelhaftigkeiten

Im Lehrplan werden als erste Nachdenkstrategien die phonologischen Regelhaftigkeiten *ei, eu, st, sp, qu* und *r nach Vokal* genannt. Sie erweitern das bisher vorherrschende Prinzip „Ich höre, ich spreche, ich schreibe" durch die Erkenntnis „Ich höre und spreche, *aber* ich schreibe". Zugrunde liegt dabei die häufigste Schreibweise, die die höchstmögliche Chance auf eine Richtigschreibung bietet. Das entspricht dem Prinzip des Rechtschreibunterrichts der Grundschule, der die Schüler zu einer möglichst richtigen Schreibweise führen soll. Kriterium für die häufigste Schreibweise ist die Erhebung von Naumann (in: Mann 1997, S.77-79).

Für den unterrichtlichen Umgang mit den einzelnen Regelhaftigkeiten gelten einige Gemeinsamkeiten:

- Sie können als regelhafte Strategie erkannt werden.
- Die Strategie kann auf andere Wörter übertragen werden.
- Die Strategie kann automatisiert werden.
- Die Arbeit mit ausgewähltem Wortmaterial unterstützt den Automatisierungsprozess.

Phonologische Regelhaftigkeiten ei und eu

Schon sehr früh im Schriftspracherwerb lernen die Kinder die Buchstabengruppe <Ei,ei> für den Doppellaut /ai/ kennen. Der unterrichtliche Schwerpunkt dürfte jedoch bei den meisten Lehrkräften auf der lesetechnischen Umsetzung von <Ei,ei> in /ai/ liegen. In den eigenen Verschriftungen tritt lange die Schreibweise <ai> auf. Ziel des Rechtschreibunterrichts ist es, die Schreibweise <ei> zu automatisieren. Schüler, die in einem schreiborientierten Verfahren unterrichtet werden, entwickeln früher ein Gespür für diesen Unterschied zwischen Sprechen und Schreiben.

Die Schreibweise <eu> für gesprochen /oi/ ist die häufigste Schreibweise (85% nach Naumann, in: Mann, S. 77). Allerdings werden einige bekannte Wörter aus dem Wortschatz der Kinder auch mit der Schreibweise <äu> geschrieben. Um die Fehlerhäufigkeit zu reduzieren, ist die erste Automatisierung der Strategie „Ich spreche oi, aber ich schreibe eu!" anzustreben. Erst in einem späteren Schritt, der sich nach dem Leistungsstand des Kindes richtet, ist die höherwertige Strategie „Ein Wort mit au, dann äu von au!" einzusetzen.

Unterrichtsgrundsätze

Die abweichende Schreibweise sollte man bewusst machen durch
- farbliche Kennzeichnung und
- Benennen der Abweichung: "Achtung, ich spreche ai, aber ich schreibe ei!" oder „Achtung, ich spreche oi, aber ich schreibe eu!“

Dieses Bewusstmachen muss immer erfolgen, wenn ein Wort mit <ei> bzw. <eu> geschrieben wird. Ein einmaliges 'Durchnehmen' genügt nicht, um die abweichende Schreibweise zu automatisieren.

Wörterlisten

Das Sammeln und Bündeln von Wörtern mit gleicher Regelhaftigkeit in Wörterlisten unterstützt die Automatisierung der regelhaften Schreibweise. (Vgl. Anhang Nach Rechtschreibstrategien geordneter Grundwortschatz)

Phonologische Regelhaftigkeiten st und sp

Die Schreibweise <st, sp> für /scht, schp/ ist regelhaft und es gibt im Anlaut keine Ausnahme. In der deutschen Orthografie steht am Silbenanfang kein <scht> oder <schp>. Trotzdem ist für viele Kinder die korrekte Schreibweise <st,sp> eine häufige Fehlerquelle. Ziel des Unterrichts ist wiederum die Automatisierung von „Ich spreche scht, aber ich schreibe St/st!".

St-Wörter zaubern:

Kachel	Hufe	Hirn	Rand	Kern	Bein	Lift	Hunde	Wange
__achel	__ufe	__irn	__and	__ern	__ein	__ift	__unde	__ange

Phonologische Regelhaftigkeit qu

Wörter mit <qu> sind sehr selten. Obwohl die Verschriftung des gesprochenen /kw/ mit dem Buchstaben <Qu, qu> regelhaft ist, wird eine Automatisierung wohl erst später im Lernprozess erreicht werden. Die Kinder wissen meist, dass sie das <qu> brauchen, wissen aber nicht mehr genau, wie es aussieht, bzw. wie sie es schreiben müssen. Schwerpunkt der unterrichtlichen Arbeit ist deshalb einen kleinen Grundbestand an Wörtern mit <qu> zu speichern.
Die Übungen orientieren sich stärker an den Übungen des wortspezifischen Speicherns der Merkstellen: „Das Wort Quelle schreibe ich mit Qu: Quelle." Die motorische Sicherung wird durch Schreiben in verschiedenen Farben, in verschiedenen Größen, mit verschiedenen Stiften usw. unterstützt. Das Einbetten des Wortes in ein Bild spricht den visuellen Kanal in besonderer Weise an.

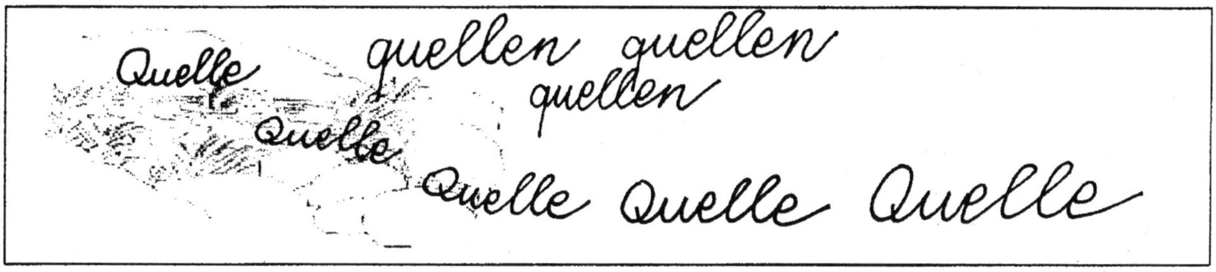

Phonologische Regelhaftigkeit r nach einem Vokal

Durch die stärkere Berücksichtigung der auditiven Wahrnehmung und Durchgliederung eines Wortes wurde die Sensibilität für ein Phänomen geweckt, das im bisherigen Unterricht kaum beachtet worden ist: Ein vorausgehender Vokal verschmilzt mit dem nachfolgenden <r> zu einem fallenden Diphtong bzw. ein vorausgehendes <a> wird durch das nachfolgende <r> gedehnt. Beispiele: In *Arm* ist eigentlich nur /Am/ zu hören, ebenso in *warm*, in *Garten*, in *Karl*. Mit den übrigen Vokalen ergibt sich ein /a/ ähnlicher Laut. Die Kinder schreiben *WUAM*, *BIANE*, *GEAN*, *KOAN* usw.

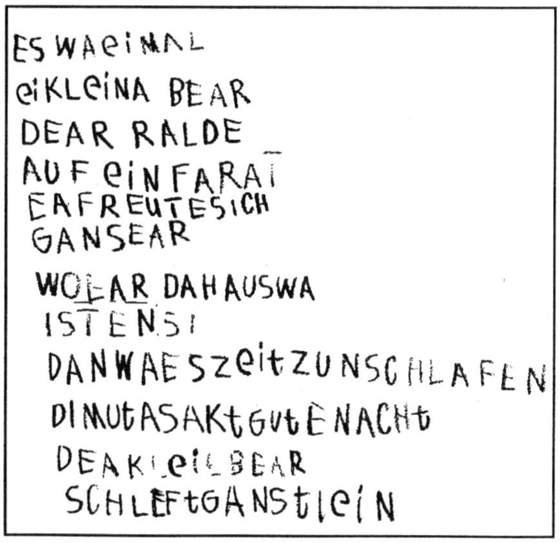

Das Beispiel zeigt einen freien Schülertext aus der Jgst.1:
Es w*ar* einmal ein klein*er* *Bär*, d*er* radelte auf einem Fahrrad. *Er* freute sich ganz s*ehr*. Wo *er* zu Hause w*ar*, issten sie. Dann w*ar* es Zeit zum Schlafen. Die Mutt*er* sagt: Gute Nacht. D*er* kleine B*är* schläft ganz tief ein.

Neben den oben bereits ausgeführten Übungsformen hilft beim vokalisierten R die silbische Sprechweise, das schwer hörbare R hörbarer zu machen. So ist in *Gar-ten, Bir-ne, Wür-mer, Kör-ner* das /r/ leichter zu sprechen und damit bewusst zu machen. Durch das silbische Sprechen wird auch ein Instrument zur Überprüfung angeboten. Um Übergeneralisierungen wie *har-ben* zu vermeiden, sollen die Kinder immer bewusst mit /r/ sprechen, um festzustellen, ob das Wort richtig klingt. Der Leistungsstand kann durch ein kurzes Diktat überprüft werden:

In der Birne ist ein kleiner Wurm.
Im Garten grast ein schwarzes Pferd.
Am Tor turnt der kleine Karl.

Im freien Schreiben zeigt sich, ob die Besonderheit wirklich schon automatisiert wurde. Zu einem Bild - Garten mit Birnbaum, eine Birne liegt am Boden, ein kleiner Wurm schaut heraus, Pferd, Gartentor mit turnendem Jungen – soll eine Geschichte mit möglichst vielen Einzelheiten geschrieben werden.

Endung –er
Besonders am Wortende wird für –er sehr oft ein <a> verschriftet (s. o.). Um die Kinder auf das rechtschriftliche Problem aufmerksam zu machen, empfiehlt sich die Sammlung von Wörtern, die auf –er enden. Im Vergleich von Sprech- und Schreibweise erkennen sie den Endungsbaustein –er. Durch überdeutliches, an die Schrift angepasstes Sprechen kann das –er hörbar gemacht werden. So klingt ein überdeutlich artikuliertes /Vater/ richtig, aber ein /Oper/ für <Opa> falsch.

Bei der Arbeit mit den Wortlisten ist es zu diesem Zeitpunkt unerheblich, ob es sich um die Mehrzahlendung –er wie in *Kleider, Kinder* oder *Bilder* handelt, ob es sich um die Vergleichsform der Adjektive wie in *weicher, feiner* oder *älter* handelt oder ob der Baustein –er zum Wortstamm gehört wie in *Bruder, Schwester, Fenster.* Die rechtschriftliche Strategie „Ich höre am Wortende einen /a/-ähnlichen Laut, ich schreibe <er>!“ gilt für alle diese unterschiedlichen Fälle.

Endung –el

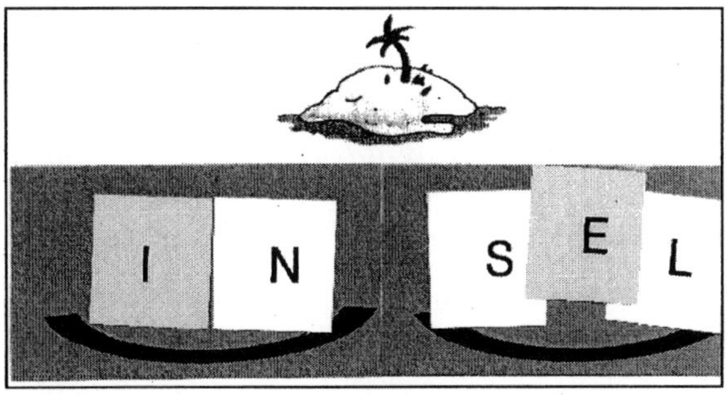

Ganz korrekt ist die Bezeichnung Endung für –el nicht. Es ist eigentlich keine Endung. Es geht um die Verschriftung des Vokals e, der in der zweiten, unbetonten Silbe zwischen den Konsonanten nicht gesprochen wird. So sprechen wir /Gabl/, /Igl/, /Schaufl/. In der deutschen Orthografie muss jedoch jede Schreibsilbe einen Vokal enthalten. Deshalb steht zwischen den beiden Konsonanten das Schlawiner-e, das sich hier so oft versteckt. Für die Kinder gilt die Strategie der silbischen Sprechweise. Wie viele Schritte machst du bei Schaukel, wie oft kannst du klatschen, wie viele Silbenfenster kannst du zeichnen? In jedem Silbenschritt, bei jedem Silbenklatscher oder in jedem Silbenfenster muss ein Vokal, ein Leuchtbuchstabe enthalten sein. Wenn die Vokale bereits im Schriftspracherwerb durch eine farbliche Kennzeichnung von den Konsonanten abgehoben wurden, so hilft den Kindern diese Strategie weiter. Die Automatisierung wird durch das regelmäßige Mitsprechen der einzelnen Silben und die Kontrolle der Vokale unterstützt. (Vgl. I/3.2 Das silbische Prinzip)

Endung –en

Die Endung –en tritt vor allem im Zusammenhang mit den Verben auf. Eine Liste mit gesammelten Tunwörtern wird auf das Wortende hin untersucht. Die Kinder erkennen, dass die Tunwörter in der Grundform alle mit <n>, die meisten mit <en> aufhören. Wir vergleichen die natürliche Sprechweise mit dem silbischen Mitsprechen und erkennen, dass wir /laufn/, /lesn/, /maln/, /haltn/ sprechen, aber *lau-fen, le-sen, ma-len* oder *hal-ten* schreiben. Hier hat sich wieder das Schlawiner-e versteckt. (Vgl. I/3.2 Das silbische Prinzip)

2.2.2 Das Stammprinzip – Die Auslautverhärtung

„Das Stammprinzip verlangt von den Schreibenden, dass sie aus dem 'Fluss' der Laut-Buchstaben-Zuordnungen heraussteigen und sich über die Wortstämme und über die Endungen klar werden. Dass sie beim Auslaut die erweiterte Form, z. B. *Hand* mit *d* wegen *Hände*, bilden, aber umgekehrt beim Umlaut vor der erweiterten Form auf die Grundform, z. B. *Hände* mit *ä* wegen *Hand*, zurückgehen müssen, *erfordert **die Fähigkeit, den Wortaufbau, die Wortstruktur zu durchschauen**.*“ (Augst/Dehn 1998, S. 135)

Das Phänomen der Auslautverhärtung begegnet den Schülern schon sehr bald beim freien Schreiben, da wichtige Wörter des kommunikativen Wortschatzes wie des GWS diese Gelegenheit zeigen: *Kind, Hand, Hund, Mund, schreibt, übt, zeigt, sagt usw.*

Die Erkenntnis „Ich höre und spreche ein /t/p/k/, aber ich schreibe ein <d/b/g>“ muss den Kindern bewusst gemacht werden. Die Unterscheidung von Laut- und Schriftbild in Verbindung mit der Strategie, die den Zusammenhang verdeutlicht, muss ***immer*** aufgegriffen werden, gleichgültig, ob sie in Mathematik oder im HSU auftaucht. Bei dieser Sichtweise wird Richtig schreiben zum Unterrichtsprinzip.

Unterrichtliche Umsetzungsmöglichkeiten

Wurde von Anfang an viel mit Silben gearbeitet, so fällt es den Kindern nicht schwer, immer wieder auf die zweisilbige Stützform zurückzugreifen. Sehr gut eignet sich zur Veranschaulichung z. B. das Material „Blinde Kuh“ aus dem Ravensburger Verlag. Günstig ist es, wenn das Bildmaterial in doppelter Ausführung zur Verfügung steht. Es zeigt sich, dass von der Häufigkeit her gesehen es vor allem das **d** am Wortende ist, das die lautliche Veränderung erfährt. Hier eine Auflistung der wichtigsten Wörter:

Abend, Bad, bald, Band, Bild, blind, blond, Feind, Feld, Freund, Geld, geschwind, gesund, Gold, Hand, Hund, Kind, Kleid, Land, Lied, Mond, Mund, Pferd, Pfund, Rad, Rand, rund, Sand, Strand, Wald, Wand, wild, Wind, wird

Bei diesen Wörtern können wir den Laut in seiner ursprünglichen Qualität hörbar machen, indem wir ihn durch Verlängern an den Silbenbeginn setzen:
Kind → Kin- der, rund → run- de.

Damit die Strategie der Mehrzahlbildung den Kindern wirklich bewusst wird, ist das eigene Malen eine wichtige Hilfe. Dazu kommt das begleitende Sprechen des Kindes: *Kind - Kin der, Mond - Mon de, Hund - Hun de,...* Ein Domino, bei dem an die Einzahl die Mehrzahl angelegt werden muss, bietet sich zur Sicherung in den Jgst. 1/2 zusätzlich an (Wortmaterial z. B.: *Kind, Hand, Hund, Pferd, Rad, Pferd, Mond, Mund, Kleid, Bild, Band*):

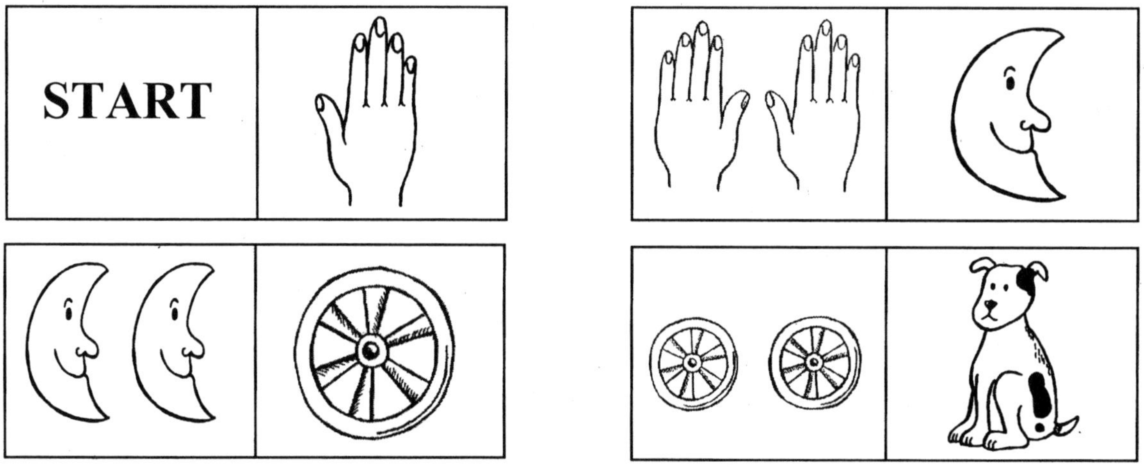

Mit der jeweiligen Signalgruppe *-and, -ind* und *-und* können durch den vorgegebenen Anfangsbuchstaben entsprechende Reimwörter gefunden werden. Durch das Verwenden dieser Reimwörter in kleinen Sätzen, bleiben diese besonders gut haften:

Der Hund ist rund und gesund. Das Kind läuft geschwind wie der Wind...

Die wenigen Ausnahmen, bei denen der Laut durch eine mehrsilbige Stützform nicht am Silbenbeginn steht und dadurch in seiner wirklichen Lautqualität nicht deutlich gemacht werden kann, müssen besonders eingeprägt werden: ***bald, seid, sind, und.***

Die Wörter mit **g** bzw. **b** am Schluss kommen weit weniger häufig vor. Wir finden sie mehr bei der kombinatorischen Auslautverhärtung bei der Personalform des Verbs: *zeigt, legt, schreibt, übt usw.* In der Grundform sind diese Verben lautgetreu: *schreiben, zeigen, legen, schreiben, üben usw.* Erst in der Personalform ändert sich die Lautqualität, wenn der Laut nicht mehr am Silbenbeginn, sondern im Wortinnern steht. Durch die Gegenüberstellung der Personalform der Einzahl und der Mehrzahl kann den Kindern die Veränderung deutlich gemacht werden. Das Zurückführen der Personalform der 3. Person Einzahl auf die Grundform wird für die Schüler durch das geschriebene Verb deutlich.

Steinleitner, 2001, 2. Kl., Nr. 2d

Diese Wörter werden wieder gesammelt und geordnet auf dem Plakat der Nachdenkwörter festgehalten. Taucht ein neues Wort auf, so kann es richtig zugeordnet werden.

Damit kommen wir der Forderung Brügelmanns nach, durch Bündelung des Wortmaterials mit gleichen rechtschriftlichen Kennzeichen das Phänomen für die Kinder transparenter zu machen (vgl. Brügelmann 1992, These 9).

So könnte das Plakat am Ende der Jgst. 2 bzw. nach der Wiederholung zu Beginn der Jgst. 3 aussehen.

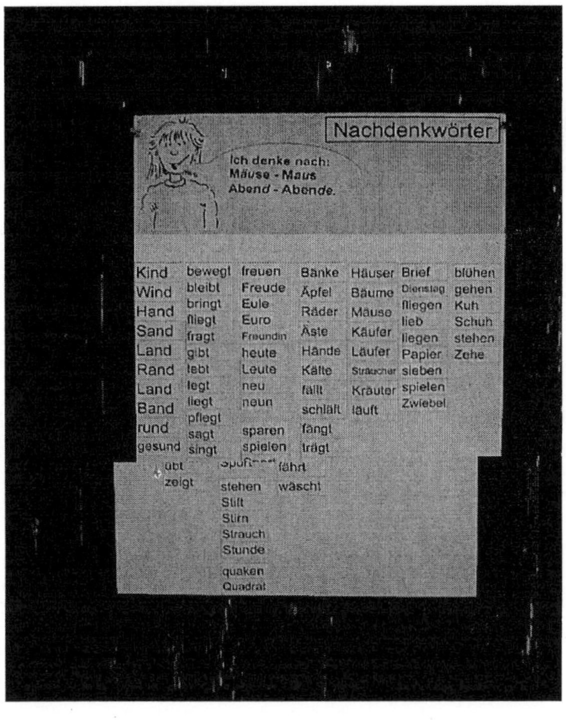

2.2.3 Das Stammprinzip - Die Umlaute ä und äu

Die Regel „Schreibe ä bzw. äu, wenn es in der Wortfamilie eine Grundform mit a bzw. au gibt“ wird den Schülern schon immer als Hilfestellung für die Unterscheidung von ä - e und äu - eu angeboten. Wichtig ist, dass die Rückführung der Schreibweise auf die Grundform mit a oder au immer aufgegriffen wird, wenn sich die Schreibweise ergibt. So haben die darin geschulten Kinder einer Jgst. 2 bei der Überschrift „Wie fängt die Katze Mäuse?“ ganz selbstverständlich die Beweisführung angetreten: „Fängt kommt von fangen, in Mäuse steckt die Maus. Jetzt kann ich es richtig schreiben.“ Mit Hilfe des durchgängigen Hinweises auf die zu Grunde liegenden Strategien gelingt es auch dem leistungsschwächeren Schüler mit der Zeit einen gewissen Automatismus in der Beweisführung und Freude am Erkunden des Wortmaterials zu entwickeln.

Ausnahmen gibt es in zwei Richtungen:

1. Es gibt eine Form mit a, aber man schreibt trotzdem e wie bei Eltern (alt).
2. Es gibt keine Grundform mit a bzw. au, aber man schreibt trotzdem ä bzw. äu wie bei *Lärm, März, Mädchen/Säule.*

Diese Wörter zählen wir dann rechtschriftlich gesehen zu den Merkwörtern.

Unterrichtliche Umsetzungsmöglichkeiten

Unterrichtsprinzip: Immer wenn ein Wort auftaucht, wird das dazugehörende Wort benannt. Spiele, die das Stammprinzip aufgreifen sind ein gutes Mittel, die Zusammenhänge zu festigen. Dazu dient z. B. dieser Spielplan, bei dem das Wortmaterial den sprachlich schwächeren Schülern in spielerischer Form nahe gebracht wird. Die Ereigniskarten erweitern das Angebot.

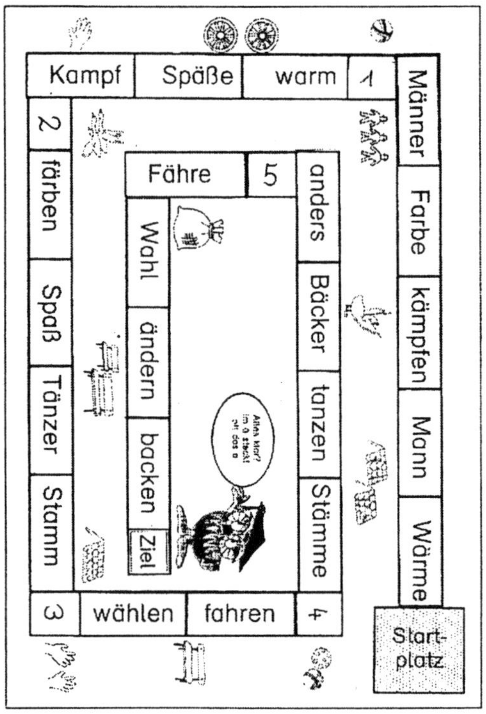

Im ä steckt oft das a Nr. 18

Spielregel

1. Suche dir einen Partner, mit dem du spielen möchtest.
2. Jeder braucht einen Spielstein und einen Würfel.
3. Je nach der gewürfelten Zahl rückt ihr die entsprechende Anzahl Felder vorwärts.
4. Suche zum Wort mit ä das verwandte Wort mit a und umgekehrt. Beispiel: Wärme - warm oder Mann - Männer Nun darfst du entweder vor - oder du musst zurückgehen.
5. Kommst du auf ein Zahlenfeld, so zieht dein Mitspieler für dich eine Ereigniskarte. Er sagt dir das erste Wort, du musst das verwandte Wort nennen. Beispiel: täglich - der Tag Löst du die Aufgabe, so darfst du so viele Felder vorrücken, wie es dein Zahlenfeld angibt. 1 = ein Feld, 2 = zwei Felder ...
6. Gewonnen hat, wer zuerst bei der Eule angelangt ist und ihren Spruch weiß.
7. Schreibe zum Schluss die Wortpaare auf!

Ereigniskarten

täglich	zählen	er fällt	du trägst	hängen
der Tag	die Zahl	fallen	tragen	der Hang
die Bänke	die Drähte	die Stärke	die Hälse	die Gärten
die Bank	der Draht	stark	der Hals	der Garten
die Stäbe	die Märkte	die Bärte	die Nähe	die Äcker
der Stab	der Markt	der Bart	nah	der Acker
die Bäder	das Päckchen	die Hälfte	die Länge	die Nässe
das Bad	packen	halb	lang	nass
die Strände	das Gewächs	die Wäsche	die Schärfe	das Rätsel
der Strand	wachsen	waschen	scharf	raten

Steinleitner, 2001, 3. Kl., Nr. 18

Zusammengehörende Paare können auch in Form eines Memorys geübt werden. Für den leistungsschwächeren Schüler genügt es dabei, wenn er die Paare zusammenlegt und sich so die Grundform einprägt.

häufig	Haufen

Auch die Spielform des Dominos bietet sich hier wiederum an. Wichtig ist beim Spiel das begleitende Sprechen *„In Mäppchen steckt die Mappe"* und das nachfolgende Aufschreiben der Wortpaare.

Stange	Mäppchen	Mappe	Räder

Bildimpulse sind Möglichkeiten zum angeleiteten Schreiben mit Verben, die in der Personalform ein ä/äu bekommen (*schlafen* → *schläft, laufen* → *läuft)* bzw. abgeleitet werden müssen (*läuten - laut, träumen – Traum).*

Die Schüler schreiben dazu Sätze und markieren das ä von a bzw. das äu von au.

2.2.4 Das silbentrennende h

Im Gegensatz zum „stummen h“, das immer zwischen einem Selbstlaut und einem Mitlaut steht, kann das silbentrennende h in der mehrsilbigen Form durch überdeutliches Sprechen des Silbenbeginnes hörbar gemacht werden: *Schuh* → *Schu - **he**, geht* → *ge - **hen**, zieht* → *zie - **hen***. Vorsicht ist bei Doppellauten geboten (vgl. I/3.2 Das silbische Prinzip). Hier empfiehlt es sich wieder, diese Wörter gebündelt auf dem Plakat der Nachdenkwörter zu sammeln und das Phänomen bewusst zu machen, wenn es bei einem Wort auftaucht.

2.2.5 Wörter mit ie

Wörter mit der Schreibweise ie wurden in den vergangenen Jahren immer zu den rechtschriftlichen Besonderheiten gezählt, die es besonders zu üben galt. Dem widersprechen jedoch die Rechtschreibdidaktiker seit vielen Jahren. „Die Länge wird in deutschen Wörtern mit /i:/ ***regelmäßig*** durch ie angezeigt.“ (Augst/Dehn 1998, S. 111)

Nach C. Naumann werden 78% aller Wörter, die einen lang gesprochenen i-Laut haben mit <ie> verschriftet. Das heißt, dass die häufigste graphemische Schreibweise des lang gesprochenen i-Lautes das ie ist und damit die Regel. Wörter wie *Tiger, Kilo, Fibel* oder Wörter mit der Endung -ine oder -in sind die Ausnahmen, die wir uns besonders einprägen müssen. Wir rechnen sie deshalb den Merkwörtern zu.

Unterrichtliche Umsetzungsmöglichkeiten

Auch hier hilft wieder das silbische Sprechen, um die Lautqualität deutlicher zu machen: *spielt* → *spie-len, fliegt* → *flie-gen*. Durch die offene Silbe in der mehrsilbigen Form wird die Qualität des Lautes isoliert und damit leichter hörbar.

Sind die Kinder so weit, dass sie die Unterschiede von kurzem und langem Laut bzw. geschlossener und offener Silbe kennen, dann können wir die regelhafte Verschriftung mit <ie> thematisieren. Bildmaterial mit Wörtern wie *Fliege, Biene, Papier, Wiese, vier, spielen, fliegen, liegen* kann auf das Plakat der Nachdenkwörter in einer Jgst. 2 aufgeklebt bzw. in die Bilderkartei eingeordnet werden. Im Laufe der Jgst 3 bzw. 4 können diese Wörter zu den Mitsprechwörtern gezählt werden.

Beim Ausgliedern von Wörtern mit ie aus dem Buchstabenhaus wird der Blick zusätzlich auf morphematische Zusammenhänge und die dadurch unterschiedliche Schreibweise gelenkt:

L I E B E N → *lieb, lieben, die Liebe* kann aus dieser Buchstabenfolge entnommen werden.

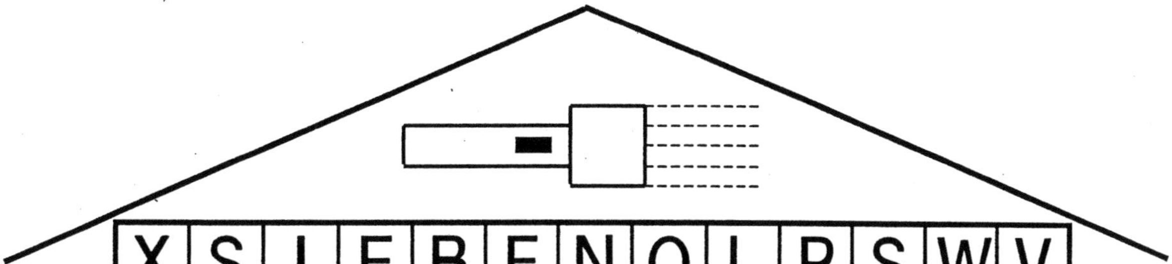

X	S	I	E	B	E	N	O	L	R	S	W	V
S	C	H	I	E	B	E	N	I	X	M	U	E
L	H	U	F	L	I	E	G	E	N	L	S	R
I	W	I	E	D	E	R	S	G	V	I	E	L
S	I	W	I	E	G	E	N	E	V	E	M	I
V	E	R	B	I	E	T	E	N	O	D	I	E
K	R	I	E	G	N	I	E	C	V	I	E	R
X	I	B	S	P	I	E	L	E	N	E	T	E
X	G	T	I	E	F	R	L	I	E	B	E	N
D	I	E	N	E	N	L	I	E	F	E	R	N

Steinleitner, 2001, 3. Kl., Nr. 20

„Das beste Mittel zur Festigung des Stammprinzips sind u. E. immer wieder Übungen (Spiele) zu Wortfamilien.“ (August/Dehn 1998, S. 135) Diese Forderung nach der Betonung des morphematischen Prinzips stellt der Zielblock der Jgst. 3/4 in den Vordergrund und sollte bei unseren Angeboten der Übungsformen nie aus dem Auge verloren werden.

Erfahrungsgemäß beinhalten die Vergangenheitsformen der starken Verben rechtschriftlich gesehen eine hohe Fehlerquelle. Da viele Verben in der 1. Vergangenheit das lange /i:/ in der regelhaften Verschriftung des <ie> haben, sollte dies auch für die Schüler z. B. durch Bündelung transparent gemacht werden: *rief, schlief, trieb, rieb, fiel* usw.

2.2.6 Die Großschreibung

Mit der Großschreibung wird der Schrift etwas beigefügt, das es in der Lautung gar nicht gibt: große Buchstaben als markierte Varianten zu kleinen Buchstaben am Wortanfang. Hier kommt das grammatikalische Prinzip unserer Sprache zum Tragen. **Während die Kleinschreibung die Regel ist**, wird die Großschreibung nur in ganz bestimmten Fällen angewendet. Für die Grundschule ist die Großschreibung relevant

- am Satzanfang,
- bei Namen,
- bei konkreten und abstrakten Nomen,
- beim Anredepronomen „Sie“ mit seinen Ableitungen.

Substantivierte Verben sind erst Thema der weiterführenden Schulen.

Da nach Menzel über 25% aller Fehler bei der Groß- und Kleinschreibung gemacht werden, müssen wir dieser Strategie besondere Aufmerksamkeit schenken (vgl. Menzel, S. 33).

Unterrichtliche Umsetzungsmöglichkeiten

Hier finden wir eine enge Verknüpfung zum Bereich „Sprache untersuchen“. Nur wenn wir wissen, dass es sich bei diesem Wort um ein Nomen handelt, setzen wir diese Kenntnis rechtschriftlich gesehen durch die Großschreibung des Wortes um; d. h., dass dem Erkennen der Leistung eines Namenwortes eine große Bedeutung beigemessen werden muss. Der „Wörter-TÜV“ kann hierzu eine Hilfe geben.

Drei wichtige Beweise haben wir für das konkrete Nomen:

1. Ich kann es sehen, meistens anfassen und einem anderen geben.
2. Es kommt meistens in der Einzahl und in der Mehrzahl vor.
3. Als formales Erkennungszeichen hat es einen Begleiter.

Wörter mit Kleinbuchstaben geschrieben, z. B. *ampel*, kommen zum „Wörter-TÜV“ und werden „untersucht“; d. h., wenn das jeweilige Kriterium erfüllt wird, setzen wir einen Stein auf das zutreffende Feld. So wird das Wort *ampel* als Namenwort erkannt und deshalb anschließend groß aufgeschrieben.

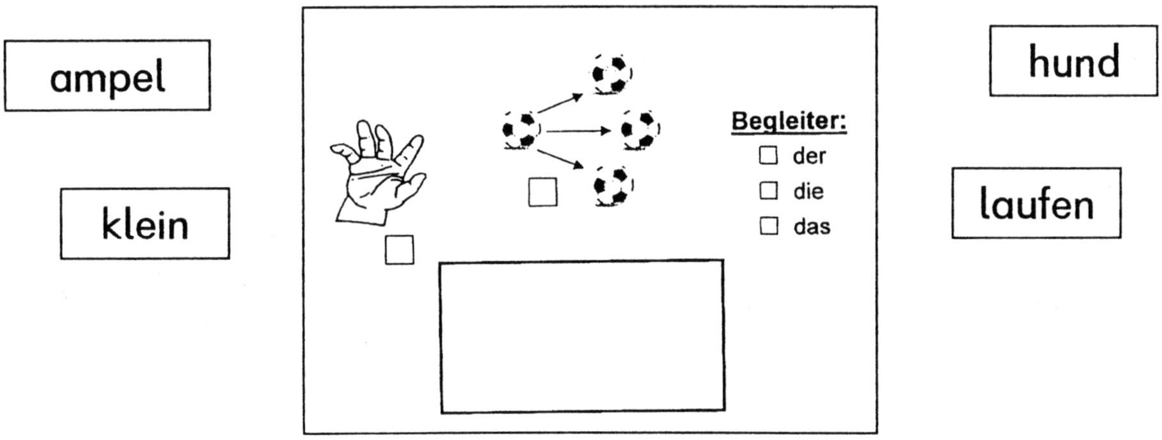

Wird dieses „Abhören“ regelmäßig - am Anfang gemeinsam - gemacht, so prägt sich für die Kinder ein Raster ein, das sie in zunehmendem Maße verinnerlichen und dann auch beim freien Schreiben in verstärkter Weise anwenden.

Durch gezieltes Überarbeiten von Texten nach der Strategie der Großschreibung bei konkreten Namenwörtern kann die Fähigkeit zusätzlich gesichert werden. Die Kinder malen eine Hand über die Wörter, die sie als konkrete Namenwörter erkennen.

eva malt ihre freundin. Sie zeichnet einen runden kopf, zwei beine mit füßen und zwei arme mit händen und zehn fingern.

Die Notwendigkeit der Erweiterung des „Wörter-TÜV“ ergibt sich bei der Verwendung von abstrakten Nomen. Die *angst* kann ich nicht anfassen, sie niemandem geben, wohl aber fühlen oder mir vorstellen. In diese Kategorie gehören die meisten abstrakten Namenwörter aus dem Grundwortschatz der Jgst. 3/4.

Damit die Nomen nicht nur vom Phänomen der Großschreibung sondern auch noch von ihren anderen wortspezifischen Gegebenheiten untersucht werden, kann der „Wörter-TÜV" in die Zuordnung der Mitsprechwörter (Lippensymbol) und der Wörter mit einer Lupen-/Aufpass-Stelle erweitert werden. Bei der Lupenstelle ist zu überlegen, ob ich sie durch Nachdenken „entschärfen" kann (Käufer → kaufen) oder ob es eine Merkstelle ist (Spaß), die ich mir einprägen muss.

vgl. Steinleitner, 3.Kl., 2001, Nr.32

Arbeit mit Detektivwörtern

Die Lehrkraft sollte das Lernumfeld so gestalten, dass sie bei den Schüler eigenes Erkunden und Anwenden der erarbeiteten Strategien initiiert (vgl. Brügelmann 1992, These 15 oder Augst/Dehn 1998, S. 272 ff). Eine Möglichkeit ist der Umgang mit „Detektivwörtern". Damit sind Wörter gemeint, deren Schreibweise durch Anwenden der erarbeiteten Strategien selbstständig erfasst werden kann.
In den Jgst. 1 und 2 können es Wörter in lautgetreuer Schreibweise sein, die dann zunehmend auch noch hinsichtlich der Groß- und Kleinschreibung differenziert werden. Dann kommen die Wörter dazu, die im Laufe der Zeit auf dem Plakat der Nachdenkwörter stehen wie z. B. *Äpfel, Häuser, Mäuse, Kind, Hand, Mond, Stein, spielen, Wiese, gehen* usw.

Beispiele für Detektivwörter in der Jgst. 3/4:

Landkarte, Flugzeug, Pferdchen, Gehsteig, Drehtüre, Glühbirne, Peter schläft, Federballschläger, Säugling, Rennauto, Rolltreppe, Stricknadel, Geburtstag, Sicherheitsnadel, aussägen, Nebellampe, Handball, Gebäudereinigung, Schuhlöffel, Treffpunkt, Laubbäume, Nähmaschine, Rechtsabbieger, Stängel, Blindschleiche, Passstraße, brannte, Glockengeläut...

Wichtig ist dabei am Anfang das gemeinsame Überlegen, Ausprobieren und Begründen der vorgeschlagenen Schreibweise. Im Laufe der Zeit kann das anfangs laute Nachdenken zunehmend auf die Schüler übertragen werden.

2.3 Wörter mit einem doppelten Mitlaut, tz oder ck

Wörter mit diesen Kennzeichen nehmen eine besondere Rolle ein, denn sie entwickeln sich im Laufe der Zeit von Wörtern mit einer Merkstelle zu Nachdenkwörtern, bei denen das Zerlegen und begleitende Sprechen in Schreibsilben die beiden Konsonanten verdeutlicht. Während bei dem Sprechvers „Meine Mu, meine Mu, meine Mutter schickt mich her..." nach Sprechsilben gesprochen wird, muss das Wort nach Schreibsilben getrennt werden: Mut-ter.

Sind im Sprechfluss Vokallänge und -kürze nicht so einfach festzumachen, können wir beim isolierten Wort, das wir langsam sprechen, genauer darauf achten. Besonders gut gelingt es durch die Gegenüberstellung:
beten - Betten, Hase - Tante, Tiger - Kinder, raten - Ratten, Hüte - Hütte
(Vgl. II/1.1.2 Lautqualitäten erkennen und unterscheiden)

Sind die Wörter mit einem doppelten Mitlaut, ck und tz bis hinein in die Jgst. 3 noch Wörter mit einer einzuprägenden Merkstelle, so entwickeln sie sich mit zunehmendem Regelwissen bei jedem Kind zu einem individuellen Zeitpunkt zu Nachdenkwörtern: „Das Wort *rennt* kommt von *ren-nen,* darum schreibe ich es mit zwei n." Mit diesem Kommentar hat der Schüler die Hilfe erfasst und wendet sie zunehmend beim Schreiben an.

Unterrichtliche Umsetzungsmöglichkeiten

- Sammeln von Wörtern mit doppeltem Mitlaut, tz und ck aus Zeitschriften
- Themenbezogene Erarbeitung von Wörtern:
  Wir decken den Frühstückstisch: Teller, Tasse, Löffel, Messer, Kanne, Schüssel, Kaffee, Nutella, Butter, Semmel, essen, stellen, einfüllen
- Erweiterung durch vorgegebene Reimwörter:

Tasse	essen	Tanne	Schlüssel	Messer
Kl	fr	W	Sch	b
K	m	K	R	
R	verg	H		

- Sammeln wichtiger Wörter auf einem Plakat
- Verbindung mit freiem Schreiben: Rätsel zu Begriffen schreiben. Dadurch wird das Wort wieder in einen persönlichen Sinnzusammenhang gesetzt, der aber sachliche Richtigkeit und Eindeutigkeit aufweisen muss, damit der Begriff von den anderen erraten werden kann; Beispiele (von Kindern):

Die Schale ist hart, der Kern schmeckt gut. Du musst sie knacken.	Es ist weich, rund oder eckig. Es liegt auf dem Boden im Zimmer.	Sie ist meistens aus Porzellan. Sie hat einen Henkel. Du trinkst daraus.	Es ist eine Tageszeit. Da steht die Sonne im Süden. Ich bekomme etwas zu essen.

- Memory „Bild - Wort – Zuordnung“: Später dient das Bild als Schreibimpuls und die Wortkarte als Kontrolle.

- Besondere Bedeutung kommt dem deutlichen Sprechen der Silben zu. Wenn das Wort in Silben zerlegt, auf eine Spielkarte geklebt und dann auseinander geschnitten wird, so erfolgt das silbische Sprechen beim Zusammensetzen ganz automatisch.

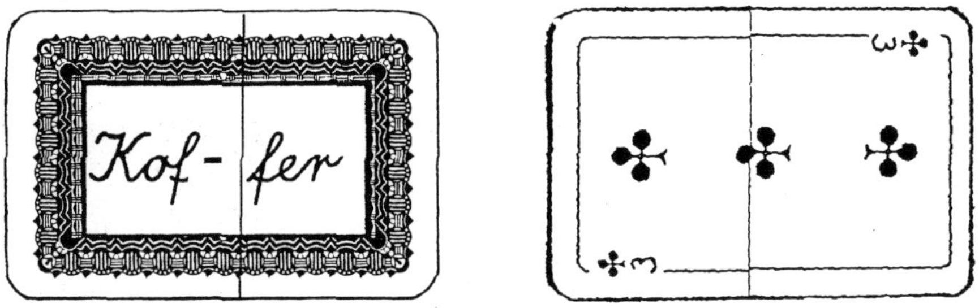

- Eine wichtige Übungsmöglichkeit ist die morphematische Ausweitung in die Wortfamilie. Dazu bieten sich Quartette an:

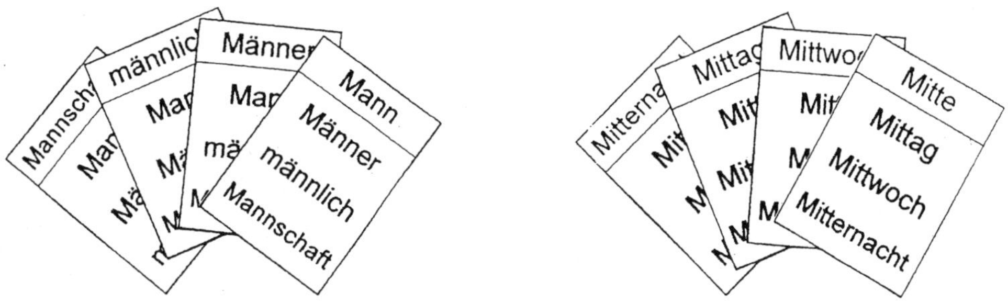

- Ordnen von Wortfamilien auf Wortkarten wie z. B.:
  retten - füllen - backen - rennen - Füller - Bäcker - Rennfahrer - Rettung - Gebäck - Rennauto - Füllung - Rettungswagen - gefüllt - Bäckerei - Retter - gefüllt - rannte

- Ergänzen der fehlenden Wortarten:

Tunwort	Namenwort	Namenwort	Tunwort
öffnen		Wecker	
kämmen		Stecker	
beginnen		Päckchen	
nummerieren		Blitz	
herstellen		Verletzung	

Dabei ist klar herauszustellen, dass zum spielerischen Umgang immer auch das Aufschreiben hinzukommen muss.

2.4 Wörter mit orthografischen Merkstellen

Wie bereits aufgezeigt gibt es Wörter, bei denen uns weder die Grundstrategie des lautgetreuen Schreibens noch die verschiedenen Nachdenkstrategien weiterhelfen. Beim Wort *fahren* muss man sich merken „Das Wort *fahren* schreibe ich mit ah“. Das Augenmerk des Übenden muss auf die Aufpass-Stelle gelenkt werden. Diese wird markiert und kommentiert. In der Jgst. 1 sind das alle Wörter, die nicht lautgetreu geschrieben werden. Im Laufe der Zeit nehmen die Merkwörter immer mehr ab, denn es werden Nachdenkstrategien erarbeitet, mit deren Hilfe das Kind sich die Schreibweise der Wörter erschließen kann. Dazu gehören die Wörter mit phonologischen Regelhaftigkeiten, Wörter mit Stammtreue, Wörter mit silbentrennendem h, Wörter mit ie, die Großschreibung und zuletzt noch die Wörter mit einem doppelten Mitlaut, tz oder ck.

Zu den Wörtern mit bleibenden Merkstellen gehören die Wörter

- mit Dehnungs-h,
- mit doppeltem Selbstlaut,
- mit der Schreibweise ß,
- mit v/V,
- mit dem ks-Laut,
- Fremdwörter.

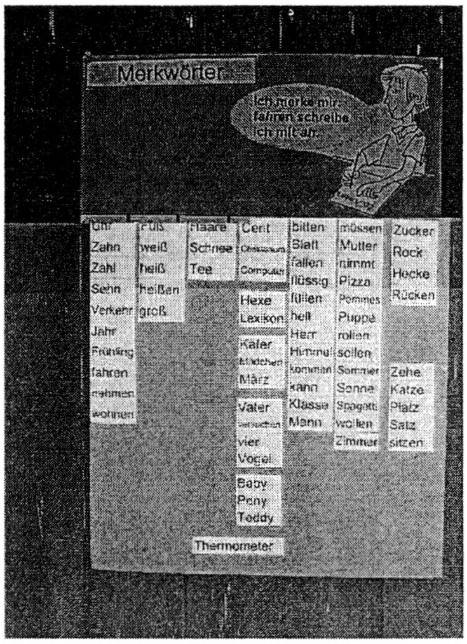

Unterrichtliche Umsetzungsmöglichkeiten

- Sammeln und Bündeln der Wörter mit gleichen Merkstellen auf einem Plakat (rot)
- Erstellen einer Bildwörterkartei
- Anwenden der gelernten Schritte des Aufschreibtrainings
- Häufiges Verwenden der Wörter in eigenen Sätzen
- Erstellen von Wortfamilien zum Wortstamm

Fahrrad Fahrzeug Fahrt er fährt ich fuhr erfahren **fahr** Gefahr gefährlich Fähre	**gieß**	**wachs**

Das Stammmorphem wird z. B. groß auf ein Blatt geschrieben und dann laminiert. Diese Blätter liegen oder hängen aus und können von den Kindern im Laufe der Zeit immer weiter ergänzt werden.

Wichtig ist den Kindern bewusst zu machen, dass die Wörter mit besonderen Merkstellen z. B. bei der Dehnung überschaubar und gegenüber der unbezeichneten Dehnung weit in der Unterzahl sind. Dazu dient z. B. diese vergrößerte Veranschaulichung, die auf einem Plakat klebt, bei dem dann die einzelnen Spalten immer wieder ergänzt werden können. Damit wird

z. B. der Übergeneralisierung der Dehnung durch das Dehnungs-h wirkungsvoll entgegengearbeitet. (Vgl. I/3.5 Besonderheiten der Rechtschreibung - Merkwörter)

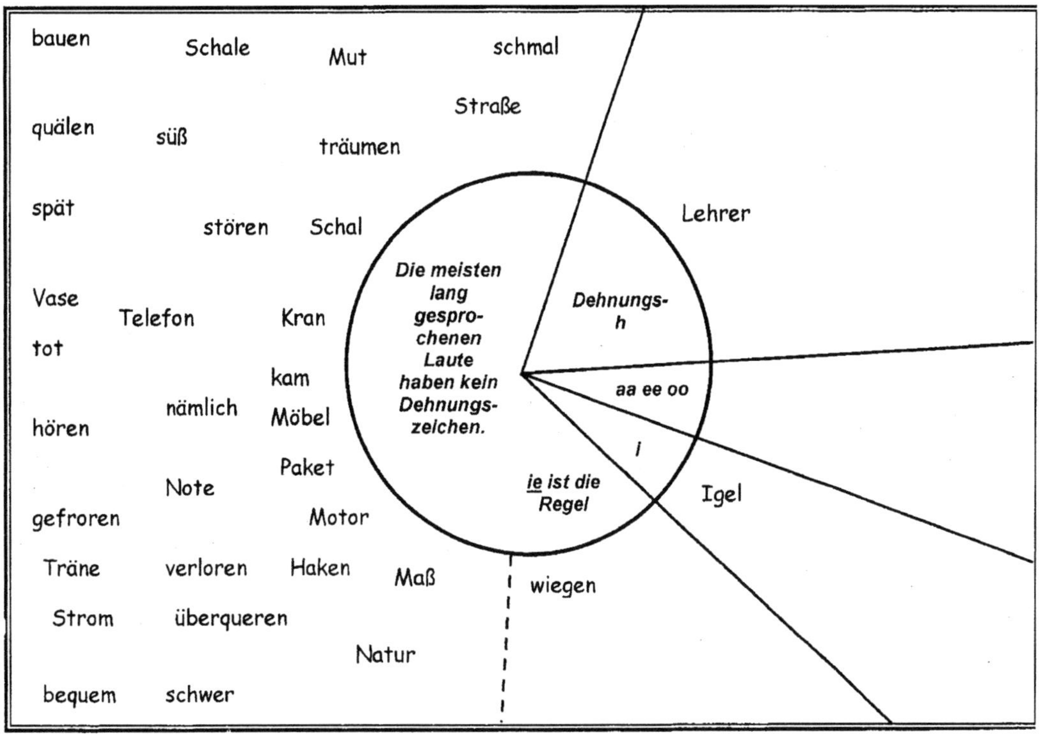

2.5 Wiederholung

Dem Prinzip der Wiederholung kommt eine besondere Bedeutung beim Lernen zu. Entsprechend der Lerngesetze ist es wichtig, eine gemachte Erkenntnis in gewissen Zeitabständen wieder zu aktivieren oder sie durch einen anderen Aspekt erweiternd zu beleuchten. Je mehr wortspezifische Informationen auf diese Weise über ein Wort gesammelt werden, desto sicherer gelingt die Rekonstruktion beim Schreiben:

„Vorführung" hat den vorangestellten Wortbaustein „vor-„, den nachgestellten Wortbaustein „– ung", der das Namenwort signalisiert und den Wortstamm „führ" mit der Merkstelle „üh".

Neben der permanenten Wiederholung im Laufe eines Schuljahres muss aber auch die gezielte Wiederholung zu Beginn eines Schuljahres angesprochen werden. Ist es in Mathematik ganz selbstverständlich, dass man zu Beginn der Jgst. 2, 3 oder 4 zuerst den Stoff des Vorjahres wiederholt, so begann man im Rechtschreiben sofort mit neuem Wortmaterial. Dabei wissen wir aus Erfahrung, dass nach den Ferien die Basis des bisher Gelernten überprüft und – wenn nötig – stabilisiert werden muss, bevor man - bildlich gesprochen – am Rechtschreibhaus weiterbauen kann.

So sollten auch im Bereich Richtig schreiben zu Beginn des neuen Schuljahres

- wichtige Arbeitsweisen wie das richtige Aufschreiben, das Abhören von Wörtern usw.,
- die bereits bekannten Strategien und
- das damit verbundene Wortmaterial

wiederholt werden, bevor mit dem neuen Stoff begonnen wird.

Die Abbildung zeigt ein Zehnminutentraining als Wiederholungsprogramm wichtiger Merkwörter der Jgst. 2 zu Beginn der Jgst. 3. Neben dem Üben der einzelnen Wörter wird im freien Schreiben durch das Bilden von Sätzen das Wort in einen persönlichen Sinnzusammenhang gestellt.

Merkwörter
Zehnminutentraining (3c)

1. Markiere die Aufpass-Stelle in jedem Wort mit gelber Farbe.

2. Diktiert euch abwechselnd immer fünf Wörter!
Bei einem Fehler sagt dein Partner
- stopp -.
Verbessert genau! Für jedes richtig geschriebene Wort darf ein Zeichen ausgemalt werden.
Schaffst du alle drei Zeichen?

△ ○ □	Baby	△ ○ □	Frühling
△ ○ □	Mädchen	△ ○ □	Jahr
△ ○ □	März	△ ○ □	Ohr
△ ○ □	Käfer	△ ○ □	Sohn
△ ○ □	Haare	△ ○ □	Uhr
△ ○ □	Schnee	△ ○ □	Verkehr
△ ○ □	Tee	△ ○ □	Zahl
△ ○ □	heiß	△ ○ □	Zahn
△ ○ □	weiß	△ ○ □	bezahlen
△ ○ □	heißen	△ ○ □	fahren
△ ○ □	groß	△ ○ □	nehmen
△ ○ □	Fuß	△ ○ □	wohnen
△ ○ □	Lexikon	△ ○ □	zehn
△ ○ □	Hexe	△ ○ □	Hecke
△ ○ □	Cent	△ ○ □	Rock
△ ○ □	Christbaum	△ ○ □	Rücken
△ ○ □	Computer	△ ○ □	Zucker

3. Verwende die Wörter in eigenen Sätzen.
Der Frühling beginnt im März. Das Mädchen heißt Lisa.

Steinleitner, 2001, 3.Klasse Nr. 3c

Bei der Leistungsmessung sollte dieser Aspekt auch berücksichtigt werden; d. h., dass bei einer Probe das vor einiger Zeit geübte Wortmaterial z. B. in einem Wortdiktat abgefragt wird. (Vgl. II/5.2 Probearbeiten – Beispiel, Aufgabe 5)

Auch das angesprochene Bildmaterial zu den Mitsprech-, Nachdenk- und Merkwörtern kann immer wieder für Wiederholungen herangezogen werden. Die entsprechenden Folien werden eingelegt und je nach individueller Leistungsfähigkeit schreiben die Schüler in einer bestimmten Zeitspanne möglichst viele Wörter auf.

Beispiele für Nachdenkwörter in einer Jgst. 2:

3 Arbeitstechniken

Im Mittelpunkt des Rechtschreiblernens steht das eigenaktive, selbsttätige Lernen des Schülers. Dieses Lernen erfordert vom Kind bewusstes Üben, das von ihm selbst organisiert wird, bei dem das bisherige Wissen aktiviert und mit dem neu Geübten verbunden wird. Dies bedeutet, dass der Schüler Verantwortung für sein Arbeiten übernimmt, sein Übungsziel kennt und mit Strategien und Arbeitstechniken sein Üben steuert und am Ende seinen Erfolg überprüft (vgl. Bartnitzky 2000, S. 11).

Deshalb muss ein Rechtschreibunterricht, der die Schüler zu mündigen Schreibern ausbilden will, diesen Wege und Techniken zeigen, die zur Selbstkontrolle befähigen. Für eigenaktives Rechtschreiblernen benötigt der Schüler inhaltliche und organisatorische Arbeitstechniken. Sie müssen im Unterricht gezielt erarbeitet und eingeübt werden und sollen dazu führen, bestimmte Einstellungen und Haltungen gegenüber der Rechtschreibarbeit anzubahnen.

3.1 Richtig aufschreiben

Im Lehrplan 2000 wird gefordert, dass die Schüler Wörter, Sinnschritte und Sätze sicher aufschreiben können. Für das Richtigschreiben stellt das Aufschreiben eines Wortes eine grundlegende rechtschriftliche Übungsform dar. Gemeint ist hier das bewusste Abschreiben einzelner Wörter, Sinnschritte oder Sätze als Hilfe zur normgerechten Aneignung von Wörtern. Dieses Abschreiben geht über das bloße Kopieren hinaus, deshalb wird im Lehrplan auch der Begriff Aufschreiben verwendet. Da Aufschreiben häufig oberflächlich von den Schülern durchgeführt wird und das richtig geschriebene Wort nicht automatisch garantiert ist, empfiehlt es sich die Kinder in richtiges Aufschreiben einzuführen. (Vgl. Spiegel, S. 134 f.)

Aufschreibtraining in 6 Schritten

1. *Anschauen, sprechen, hören:*
Das Wort oder den Sinnschritt genau anschauen, überdeutlich nach der **geschriebenen Vorlage** sprechen.

2. *Entdecken, Kommentieren:*
Die Aufpass-Stelle/n oder die Besonderheiten im Wort entdecken und kommentieren (Beispiel: „Das Wort *fahren* schreibe ich mit *ah*“).

3. *Einprägen:*
Sich das Wort oder den Sinnschritt mit Augen, Ohren und silbischen Mitsprechen merken; sich das Wort auf einer „inneren Tafel“ vorstellen und/oder auf der Bank schreiben.

4. *Vergleichen:*
Das innere Bild des Wortes mit der Vorlage vergleichen.

5. *Auswendig aufschreiben:*
Nun das Wort oder den Sinnschritt auswendig aufschreiben.

6. *Überprüfen:*
Das Wort mit der Vorlage sorgfältig vergleichen, eventuelle Fehler erkennen und berichtigen.

Hinweis: Das Überprüfen der eigenen Wörter, bzw. deren Berichtigung fällt den Schülern besonders schwer (vgl. II/3.4 Fehlerberichtigung). Damit dem Lehrer eine Kontrolle über das Aufschreib- und Berichtigungsverhalten des Schülers erleichtert wird, radieren die Schüler Falsches aus und berichtigen mit einer anderen Farbe.

Aufschreiben von Sinnabschnitten bei Sätzen und Texten

Die oben genannte intensive Form des Aufschreibens wird beim Einprägen von Merkwörtern beibehalten. Sie wird jedoch beim Kopieren von Texten (beispielsweise Hefteinträge für HSU) durch ökonomischere, individuelle Formen des Aufschreibens ersetzt, da es hier nicht um das Lernen von Wörtern, sondern um das richtige Abschreiben von Texten geht.

Beim Aufschreiben von Texten beschränkt sich der Schritt des Einprägens deshalb nur auf Aufpass-Stellen:

- Zunächst liest das Kind den Text und markiert Wörter, die es für schwierig hält.
- Beim Aufschreiben der markierten Stellen soll es besonders genau hinschauen und die 6er-Schritt-Abschreibtechnik verwenden.
- Ist der Text abgeschrieben wird Wort für Wort nachgeprüft und ggf. verbessert.

(Vgl. II/3.3 Selbstständiges Be- und Überarbeiten von Texten)

Übungsmöglichkeiten für das Aufschreibtraining

Das Ziel aller unten genannten Übungen ist es, die Technik des Aufschreibens und insbesondere die des Einprägens zu üben. Diese Übungen nützen nichts, wenn sie zu motorischen Übungen degradiert werden.

Tipp:
Nicht alle Sätze müssen abgeschrieben werden, dafür aber richtig. Speziell langsame Schüler sollen nicht dazu verleitet werden, oberflächlich zu arbeiten. Der Schwerpunkt des Aufschreibtrainings liegt auf der orthografischen Richtigkeit und nicht auf der Quantität.

- Für sogenannte „Laufdiktate“ werden an verschiedene Stellen im Klassenzimmer Sätze mit Merkwörtern ausgelegt. Die Kinder gehen zu den Texten und lesen gerade so viel vom Text wie sie sich bis zum Aufschreiben an ihrem Platz merken können.

- Beim „Aufschreibeheft“ ist auf die Rückseite des Heftes eine Prospekthülle aufgeklebt. In diese wird eine Textvorlage eingeschoben. Nun beginnt das Kind den Text auf der Rückseite aufzuschreiben. Dabei muss es immer wieder die Vorlage verdecken, um ins Heft schreiben zu können. Auf diese Weise merkt es sich den Text abschnittsweise, je nachdem, wie viel es bewältigen kann. (Vgl. Brinkmann/Kuhle 2000, S. 17)

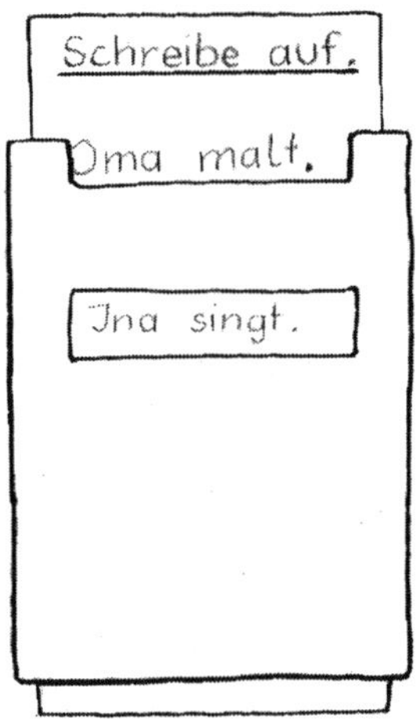

- In die „Abschreibetasche“ (siehe Bild) oder das „Aufschreibkino“ steckt der Schüler eine Textkarte und schiebt sie in Pfeilrichtung weiter. Im Fenster erscheint die erste Textreihe. Sie wird gelesen, eventuelle Merkstellen darin werden kommentiert und eingeprägt, dann wird die Zeile durch Weiterschieben verdeckt: „singt kommt von sin-gen, also mit g“. Nun schreibt das Kind die Zeile auf. Der Text wird Zeile für Zeile aufgeschrieben und in einem weiteren Schritt überprüft.

- Aufschreiben von Texten aus Büchern oder Zeitschriften für das sogenannte Forscherheft: Die Kinder gestalten im Rahmen der Freiarbeit beispielsweise eine Forscherseite zur Hauskatze. Sie stellen aus verschiedenen Lexika, Sachbüchern o. Ä. Texte zum Thema zusammen. Sie wählen wichtige Textpassagen für ihre Forscherseite selbst aus und schreiben diese ab.

Hervorzuheben ist bei allen Aufschreibtrainings, dass die Schüler zu einer sorgfältigen Kontrolle ihrer Arbeiten hingeführt und angehalten werden.

3.2 Arbeit mit Nachschlagewerken

Das Wörterbuch ist ein wesentliches Hilfsmittel für das richtige Schreiben. Um Texte selbstständig schreiben und überarbeiten zu können, muss man im Umgang mit Nachschlagewerken vertraut sein. Das Wörterbuch wird zu einem wichtigem Schulbuch und die Fähigkeit, damit umzugehen, ein wichtiges Unterrichtsziel. Da bei Grundschülern das Suchen der Wörter in Wörterbüchern häufig lange dauert und aus verschiedenen Gründen manchmal auch nicht zum Ziel führt, muss der richtige Gebrauch eines Wörterbuchs sehr gründlich eingeführt und ständig geübt werden.

Hierzu müssen die Schüler zwei Arbeitstechniken erlernen, die Nachschlagetechnik und die Wortfindetechnik (vgl. Sennlaub 1992, S.7 f.). Obwohl das Nachschlagen auch bisher im Unterricht geübt wurde, ergaben sich dennoch für die Schüler häufig Probleme Wörter zu finden und damit zum Ziel zu kommen. Dies lag daran, dass man zu wenig zwischen Nachschlagetechnik und Wortfindetechnik unterschieden hat.

Erlernen der Nachschlagetechnik

Jgst. 1: Alphabet lernen
Die Arbeit mit einem Wörterbuch soll bereits in der Jgst. 1 durch vorbereitende Übungen angebahnt werden. Die Kinder lernen das ABC spielerisch durch Verse und Lieder. Sie ordnen Buchstaben, Bilder und Wortkarten nach dem ABC. Mit Wörtern aus dem Grundwortschatz oder dem individuellen Wortschatz legen die Kinder alphabetische Wörterlisten an.

Tipp:
Zunächst werden die Übungen nur auf Teile des Alphabets z. B. ABCDEFG beschränkt. So wird das schnelle Einordnen der Buchstaben in ihre Umgebung erleichtert. Dies ist eine Fähigkeit, die beim Nachschlagen im Wörterbuch unverzichtbar ist. Buchstabenzüge oder Buchstabentabellen, die nach dem ABC angeordnet sind, unterstützen das Einprägen des Alphabets beim Schüler.

Jgst. 2: Wörter nachschlagen nach der Ordnung des Anfangsbuchstabens und der Ordnung des 2./3. Buchstabens
Um den Kinder das Wörtersuchen in Wörterbüchern zu erleichtern, empfiehlt es sich, in der Jgst. 2 noch mit einfachen Wortverzeichnissen wie z. B. dem alphabetisch geordneten Grundwortschatz zu arbeiten. Hierbei kann der Grundwortschatz in einem Karteikasten als Klassenkartei angeboten werden, mit dessen Hilfe die Ordnungsübungen handelnd durchgeführt werden können. Die Klassenkartei ist eine Vorübung für die Arbeit mit dem eigenen Wörterkarteikasten. Mit vielfältigen Übungen werden die Schüler zunächst an die Wörtersuche nach dem Anfangsbuchstaben herangeführt. Ziel ist es, die Wörter schnell nachschlagen zu können, ohne dabei das Alphabet ganz aufsagen zu müssen. Dazu dienen einfache Nachschlageübungen zur Groborientierung im Wörterbuch wie:

- Wo finde ich die Wörter mit K (Anfang, Mitte, Schluss)?
- Schreibe jeweils das erste Wort eines Buchstaben ab!
- Suche die Nachbarwörter von „Pferd“!

Erlernen der Wortfindetechnik

Ab Jgst. 3:
Das nächste Ziel ist es, mit einem „richtigen“ Wörterbuch umgehen zu können. Häufig finden die Kinder die Wörter im Wörterbuch nicht, obwohl sie nun die Nachschlagetechnik beherrschen. Hierfür muss den Kindern klar werden, dass die Wörter, die sie suchen, nicht immer genau so im Wörterbuch stehen, sondern vorher erst verändert werden müssen. Dies bedeutet, dass sich die Kinder weitere Kriterien für die Wörtersuche systematisch aneignen müssen. Folgende Probleme erschweren die Wörtersuche:
- Umlautsuche *(äußern)*
- Wortzusammensetzungen *(Geburtstag)*
- Wörter mit Vorsilben *(bekommen)*
- flektierte Verbformen *(sie läuft, er befand sich)*
- falscher Anfangsbuchstabe des gesuchten Wortes *(fersuchen).*
- Wörter mit orthografischen Merkstellen *(v/ß)*, Fremdwörter *(Computer)*

Folgende Überlegungen können den Schülern bei der Problemlösung helfen:
- Bei Verben immer die Grundform suchen: *nimmt* kommt von *nehmen*; *riss* kommt von *reißen*; *gefunden* kommt von *finden.*
- Finde ich ein Wort nicht, habe ich vielleicht einen falschen Anfangsbuchstaben? Ich schlage unter ähnlichen Buchstaben nach: *c/k - v/f - d/t.*
- Wörter mit Umlauten sind i. d. R. wie Wörter ohne Umlaut eingeordnet: *arg - Ärger – arglos.*
- Ist das Wort zusammengesetzt? Unter beiden Wortteilen nachschlagen: *Baumhöhle - Baum – Höhle.*
- Steht das Wort in der Mehrzahl, muss ich die Einzahl bilden: *Füße – Fuß.*

Die Wortfindetechnik kann mit vielfältigen Übungen erlernt werden:
- Wortzusammensetzungen:
  Der erste Teil des Wortes wird geschrieben vorgegeben, der zweite Teil durch ein Bild. Die Schüler müssen nun den Bildteil des Wortes nachschlagen und das Wort ganz aufschreiben.
- Flektierte Formen:
  Eine Liste mit Verben in der Vergangenheit wird ergänzt durch die jeweiligen Grundformen mit Seitenangabe. Ebenso mit anderen flektierten Verbformen möglich. (Vgl. II/5 Leistungsmessung)
- Wörterliste mit Fremdwörtern zusammenstellen:
  Wie schreibt man *Tschips*? Die richtige Schreibung muss gesucht und aufgeschrieben werden; Sammeln von gleichen Merkwortstellen, z. B.: *Handy, Baby.*

Die hier vorgestellten Übungen sind teilweise aus Praxis Grundschule 1/92 und Sennlaub 1992 entnommen. Ebd. findet man noch sehr viele weitere Übungsvorschläge, die die Wortfindetechnik schulen.

Welche Wörterbücher sollten in einem Klassenzimmer vorhanden sein?

Im Klassenzimmer sollte eine Auswahl von Wörterbüchern vorhanden sein, da die einzelnen Wörterbücher eine unterschiedliche Wortauswahl anbieten und sich in ihrer Benutzerfreundlichkeit unterscheiden. Für leistungsschwächere Schüler sollten übersichtlich gestaltete und weniger umfangreiche Wörterbücher zur Verfügung stehen. Leistungsstarke Schüler benötigen Wörterbücher, in denen sie alle Wörter finden können.

Folgende Kriterien können bei der Anschaffung von Wörterbüchern berücksichtigt werden:

- Ist das Wörterbuch übersichtlich gestaltet und erleichtert es z. B. durch farbig markierte Anfangsbuchstaben, fett gedruckte Hauptstichwörter oder Kopfwörter die Wörtersuche?
- Sind den Hauptstichwörtern viele Nebenstichwörter wie Ableitungen (*lesen/er las*), Pluralbildung *(Haus/Häuser)*, Wortfamilien *(fahren/Fahrbahn/gefährlich)*, Wortzusammensetzungen *(Tür/Türschloss)* beigefügt?
- Ist die Silbentrennung des Wortes sichtbar gemacht?
- Sind die Begleiter angeführt?
- Wird die Wortbedeutung schwieriger Wörter erklärt oder werden einzelne Wörter in einen speziellen Sinnzusammenhang gestellt? *(Flöte/flöten gehen)*
- Sind orthografische Merkstellen gekennzeichnet *(Straße)*?
- Sind stark gebeugte Verben in der Vergangenheitsform als Hauptstichwort aufgeführt *(riss)*?

Tipp:
Ab der Jgst. 3 sollte ein eigenes Wörterbuch zu den Lernmitteln des Grundschulkindes gehören (nach Möglichkeit auch früher).

Wann und wo soll das Wörterbuch verwendet werden?

So oft wie möglich!

Tipp:
Um die Schüler nicht in ihrem Schreibfluss zu stören, ist die Rechtschreibung in der Phase der Textproduktion nicht vorrangig. Während des selbstständigen Schreibens von Texten sollte auf das Wörterbuch weit gehend verzichtet werden. Die Schüler können sich das Wort, dessen Schreibweise sie nachschlagen möchten, durch Unterstreichen kennzeichnen. Die richtige Schreibweise wird dann anschließend in der Phase der Textüberprüfung kontrolliert.

3.3 Selbstständiges Be- und Überarbeiten von Texten

„Richtig schreiben ist Anspruch an die Überarbeitung, nicht an den Entwurf.“ (Brügelmann 1994, S. 209) Für die selbstständige Überarbeitung ihrer Texte müssen die Schüler genügend Zeit erhalten. Nach dem Schreiben eines rechtschriftlichen Übungstextes wird unmittelbar danach die Gelegenheit gegeben, den Text mit Hilfe von Rechtschreibhilfen oder dem Wörterbuch zu berichtigen, auch nach einem Diktat. Bei einem selbst entworfenen Text kann die Überarbeitung nach einem Tag erfolgen. Die Überarbeitung von selbst entworfenen Texten stellt einen hohen Anspruch dar und ist nicht von jedem Kind zu fordern. Für die meisten Schüler ist es eine Hilfe einen konkreten Überarbeitungshinweis zu erhalten, z. B.: Überprüfe die Großschreibung!

Möglichkeiten

Die hier genannten Möglichkeiten sind Alternativen. Prinzipiell gilt jedoch für sie alle, dass sie in einzelnen Schritten eingeübt und ritualisiert werden müssen. Manche dieser Rechtschreibhilfen sind nur für leistungsstarke Schüler geeignet.

Wörter verlängern:
Der Schüler geht seinen Text Wort für Wort durch und muss bei jedem Wort den Zweier-Schritt anwenden:

1. „Sprich das Wort langsam und überdeutlich, so dass du jeden Buchstaben hören kannst.“ (Vgl. II/1.2 Deutliches an die Schriftsprache angepasstes Sprechen)
2. „Suche nach einer anderen Wortform - verlängere ein einsilbiges Wort zu einem zweisilbigen.“ (Einzahl-Mehrzahl bei Nomen, Er-und Wir-Form bei Verben, Steigerungs- oder Flexionsformen bei Adjektiven)

Namenwörter-TÜV:
(Vgl. II/2.2 Nachdenkstrategien)

„Werkzeuge“ zum Überprüfen der Groß- und Kleinschreibung in Texten:
Die Schüler lernen verschiedene handlungsorientierte „Werkzeuge“ zum Überprüfen der Groß- und Kleinschreibung kennen. Wenn ein Text fertig gestellt ist, werden in vier Schritten nacheinander die Werkzeuge Wort für Wort angewandt, eventuelle Fehler repariert und durch Abhaken noch einmal kontrolliert, ob fehlerhafte Wörter auch wirklich verbessert wurden.

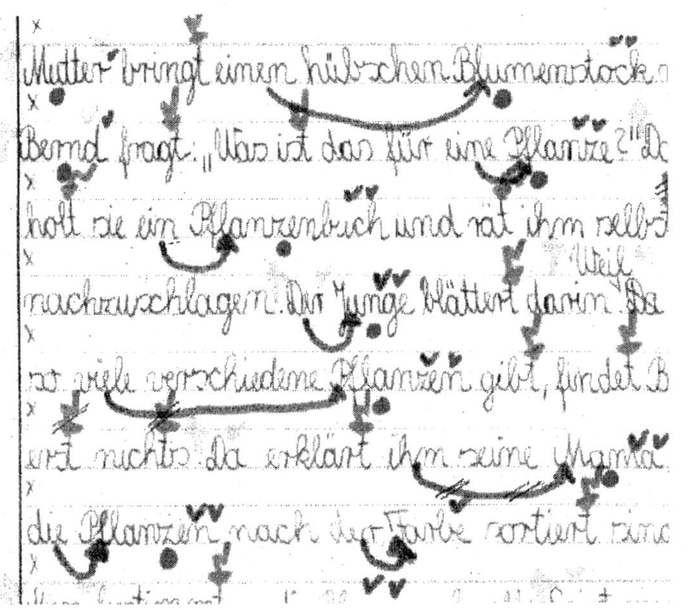

- Werkzeug: Punkt und Pfeil

Regel: „Am Satzanfang schreibe ich groß!“
Die Schüler markieren alle Punkte im Text gelb und machen einen gelben Großschreibpfeil hinter den Punkt. (Gilt ebenfalls bei der Überschrift und dem Anfang einer Geschichte)

- Werkzeug: Hand

Regel: „Alles, was ich anfassen oder im Traum anfassen kann, schreibe ich groß!“
Die Schüler kontrollieren Wort für Wort und malen eine Hand unter Wörter, die man anfassen *(Ball)* oder im Traum *(Mond)* anfassen kann.

- Werkzeug: Wen begleite ich?

Regel: „Ich unterstreiche alle Begleiter. Ich suche mit einem Pfeil den Besitzer zum Begleiter!“
Die Schüler suchen im Text nach bestimmten und unbestimmten Begleitern. Sie unterstreichen diese Wörter und zeichnen einen Pfeil zum Besitzer des unterstrichenen Wortes (Beispiel siehe Bild).

- Werkzeug: Denkblase

Regel: „Alles, was ich mir vorstellen kann, schreibe ich groß!“
Die Schüler kontrollieren Wort für Wort und malen Denkblasen unter Wörter, die man sich vorstellen kann *(Freude, Angst)*.

Tipp:
Bei dieser Art der selbstständigen Bearbeitung von Texten ist es hilfreich, nach jeder geschriebenen Zeile eine Zeile frei zu lassen, damit die Großschreibwerkzeuge Platz haben und der Text dennoch übersichtlich bleibt. Es empfiehlt sich, für ein bestimmtes Werkzeug immer auch eine bestimmte Farbe zu verwenden. Nach dem Schreiben eines Textes erhalten die Schüler Zeit, um die Großschreibwerkzeuge selbstständig der Reihe nach durchzuführen. Wichtig: Durch Abhaken wird noch einmal überprüft, ob das Wort auch verbessert wurde. Die Werkzeuge können analog zu den Rechtschreibstrategien eingeführt werden. (Vgl. II/2.2 Nachdenkstrategien)

Text-Korrektur-Karte von Lessmann (Lessmann 2000, S. 22)
Diese Möglichkeit hat eine andere Gewichtung als die bisher vorgestellten Rechtschreibhilfen. Sie richtet sich an das rechtschriftliche Empfinden des Kindes. Die Text-Korrektur-Karte ist ein besondere Karte, auf der die vier Korrekturschritte vermerkt sind, mit deren Hilfe die Schüler selbstständig Fehler finden können. Die Schüler kontrollieren den Text Wort für Wort:

1. Wo war ich unsicher?
   In diesem Schritt konstruieren die Kinder Wörter mit Unsicherheiten neu.
2. Lies rückwärts Wort für Wort!
   In diesem Schritt wird der Text rückwärts kontrolliert, so dass die Schüler ihre Aufmerksamkeit leichter auf das einzelne Wort legen und nicht vom Inhalt abgelenkt werden.
3. Lies vorwärts! Verstehe ich alles?
   In diesem Schritt kontrollieren die Schüler, ob Wörter oder Satzzeichen fehlen.
4. Achtung Lieblingsfehler!
   In diesem Schritt lesen die Schüler den Text noch einmal und legen besonderes Augenmerk auf ihre Lieblingsfehler, die von der Lehrerin vorher auf der Text-Korrektur-Karte eingetragen wurden (Beispiel: fehlende i-Punkte).

Zusammenfassung
Aus den verschiedenen Möglichkeiten der Rechtschreibhilfen zur selbstständigen Be- und Überarbeitung von Texten soll nur eine für die Klasse ausgewählt werden. Die Auswahl ist abhängig vom Lehrertyp und von der Jahrgangsstufe.

3.4 Fehlerberichtigung

Trotz der Techniken, die den Schüler zur selbstständigen rechtschriftlichen Be- und Überarbeitung von Texten befähigen, müssen die Texte weiterhin von der Lehrkraft rechtschriftlich kontrolliert und Fehler aufgezeigt werden. Eine differenzierte Analyse der Fehler hilft den Schülern beim Berichtigen. Die Lehrkraft gibt dabei fehlerspezifische Hinweise (beispielsweise N für Nachdenken oder M für Merken). Die Kennzeichnung ist des Weiteren von der rechtschriftlichen Sicherheit des Schreibers und der Jahrgangsstufe abhängig. So genügt es, bei guten Rechtschreibern am Rand der Zeile Fehlerzahl und Fehleranalyse anzugeben und das Kind sucht nun selbst die Fehler. Die Fehler können nur am Rand durch einen Strich markiert oder direkt unterstrichen werden. Bei leistungsschwächeren Schülern wird die richtige Schreibweise angegeben. Alle anderen sollten den Fehler durch Nachdenken oder Nachschlagen selbst herausfinden. Dabei gilt, dass nicht alle Fehler in einem Text durch den Schüler berichtigt werden müssen. Der Umfang der Berichtigung sollte motivierend und nicht frustrierend sein. (Vgl. II/6 Förderung) Wie ein Fehler zu berichtigen ist, ist von der Art des Fehlers abhängig und kann dem Kind durch Zeichen, Farben oder Buchstaben mitgeteilt werden.

Verschiedene Umgangsweisen mit Rechtschreibfehlern

- *Mitsprechen*
  Fehler, die bei Mitsprechwörtern auftreten, können mit Silbenschiffchen gekennzeichnet werden; Beispiel: Schreibt ein Schüler *Ga ten* statt *Garten*, bedeutet für ihn die Kennzeichnung: Sprich in Silben! Sprich überdeutlich!

- *Nachdenken: Fehler verbessern mit Hilfe der Strategien*
  Dem mehrmaligen, unkommentierten Abschreiben eines Wortes ist eine sinnvolle Berichtigung vorzuziehen, die die Strategie des Nachdenkens sichtbar macht. Fehler, die bei Nachdenkwörtern auftreten, können mit einem Kreissymbol gekennzeichnet werden. Dieses bedeutet für den Schüler, dass das Wort mit einem Zusatz verbessert werden muss.
  Beispiele:

(a)pfel	*Apfel* kann ich anfassen also groß
l(eu)ft	*läuft* kommt von *laufen* also mit *au*
Aben(t)	*Abend* - *Abende* also mit *d*
schwi(m)t	*schwimmt* kommt von *schwim-men* also mit *mm*

- *Merken: Fehler berichtigen und vermeiden durch Erstellen von Wörterlisten*
  Fehler, die bei Merkwörtern auftreten, können durch ein Dreieck mit Ausrufezeichen gekennzeichnet werden. Steht dieses Symbol neben der falschen Schreibweise *faren*, muss der Schüler zunächst die richtige Schreibweise des Wortes im Wörterbuch suchen, das Wort mit der 6er-Schritt-Aufschreibtechnik richtig aufschreiben, die Merkstelle des Wortes kennzeichnen und einen kognitiven Zusatz formulieren. Anschließend können ähnliche Wörter oder die Wortfamilie gesammelt werden; Beispiele:
  - Fehlerberichtigung beim stummen h
    fahren schreibe ich mit *ah*
    Fahrrad
    Gefahr
    ...
  - Fehlerberichtigung bei Vokalverdoppelung
    Haar schreibe ich mit zwei *aa*
    Paar
    Seele

- *Wörter üben und Fehler vermeiden durch die Arbeit mit der Wörterkartei oder mit der Fehlerliste*
  Wichtige Wörter, die fehlerhaft geschrieben werden, werden mit einem W gekennzeichnet. Dies bedeutet, sie werden in die Wörterkartei aufgenommen und regelmäßig geübt. Dabei werden die Wortkarten sorgfältig angelegt. Silbenschnitt und Merkstellen werden gekennzeichnet, kognitive Zusätze werden vermerkt. Neben der Grundform des Wortes werden Ableitungen und Wortzusammensetzungen aufgenommen. Statt der Wörterkartei kann auch mit der individuellen Fehlerliste gearbeitet werden. (Vgl. II/4.3 Unterrichtliche Arbeit mit dem Wortschatz)
- Wenn das Wort schon in die Wörterkartei aufgenommen wurde, dann muss die Wortkarte wieder in die erste Übungsstation aufgenommen werden. Jedes Wort soll nur einmal in der Wörterkartei sein.

Diese Wörter muss ich (__________________) besonders üben.

Uns musst du ganz **genau** sprechen: (0)	Suche ein **verwandtes** Wort: (1)	Wir werden **groß** geschrieben: (2)	Wir haben einen **doppelten Mitlaut:** (3)	Wir haben ein **ck** oder ein **tz:** (4)

Hinweis: Fehlerhafte Wörter in Texten werden durch die Lehrkraft mit der entsprechenden Nummer versehen. Der Schüler schlägt das Wort nach und trägt es in seine individuelle Fehlerliste ein. Die beiden Blätter werden in einer Klarsichthülle aufbewahrt und können zum individuellen Üben herangezogen werden.

Wir haben die Aufpass-Stelle **aa**, **ee** oder **oo**: (5)	Wir haben die Aufpass-Stelle **stummes h**: (6)	Wir haben die Aufpass-Stelle **v**: (7)	Wir haben die Aufpass-Stelle **ß**: (8)	Wir sind auch ein Merkwort**:** (9)

Statt der hier vorgeschlagenen Zeichen können ebenso Abkürzungen wie MSW für Mitsprechwort, Farben oder Nummern (wie in der individuellen Fehlerliste) zur Kennzeichnung der Fehler verwendet werden.

4 Umgang mit dem Grundwortschatz

4.1 Der verbindliche Grundwortschatz

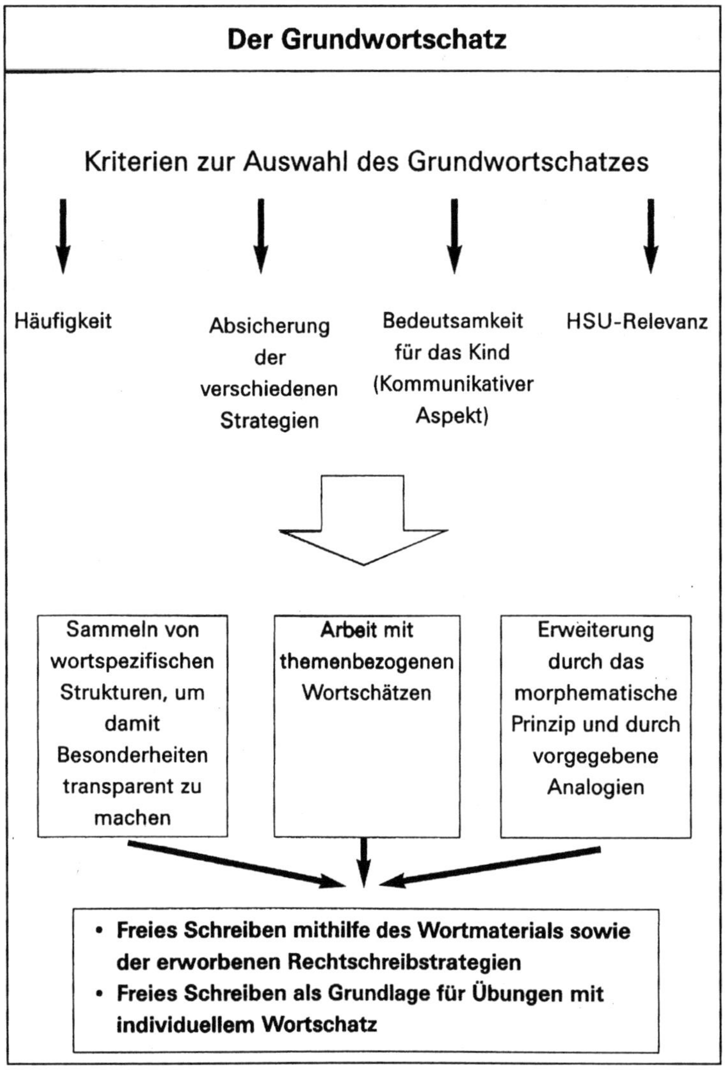

In der Grafik wird dargestellt, nach welchen Kriterien die Wörter des Grundwortschatzes ausgewählt wurden, wie im Unterricht damit umgegangen werden soll und welche Ziele damit verfolgt werden.

„Der Grundwortschatz enthält ca. 700 Wörter. Er beinhaltet ca. 100 häufige Wörter und ca. je 300 Wörter für die Jgst. 1/2 und 3/4, die häufig, regel- und kindbedeutsam und für HSU relevant sind. Der Grundwortschatz wird durch individuelles Wortmaterial der Kinder ergänzt.

Der Umgang mit dem Grundwortschatz zielt auf die Vermittlung der ausgewiesenen Rechtschreibstrategien. Durch vielfältige wortspezifische Übungen sollen die Schüler die zu Grunde liegenden Strategien erkennen und diese beim selbstständigen Verfassen und Überarbeiten von Texten anwenden. Die Nachschrift ist dafür keine geeignete Übungsform; sie dient allenfalls als Grundlage für ein Aufschreibtraining.“ (Lehrplan S. 294)

Grundwortschatz als Arbeitswortschatz

Der Grundwortschatz sollte vor allem ein Arbeitswortschatz für die Vermittlung der Rechtschreibstrategien sein und zu den einzelnen Strategien Wortbeispiele enthalten. Diese haben Modellcharakter und fordern die Schüler dazu auf, weitere Beispiele zu suchen. Im Anhang sind zu den Strategien jeweils die entsprechenden Wörter aus dem Grundwortschatz zu finden. Die Ausweisung im Lehrplan erfolgte alphabetisch, da viele Wörter unter mehreren Strategien einzuordnen sind. z. B. *Hand, Hände* (Jgst.1/2): *Hand* kommt von *Hän-de*, deswegen am Ende mit –d, *Hände* kommt von *Hand*, deswegen mit ä von a, *Hand* ist ein Namenwort, deswegen wird es groß geschrieben.
Die angefügten Ableitungen im Lehrplan weisen auf die zugrunde liegende Strategie hin:

Auge → ohne Mehrzahl, *Augen* weist keine rechtschriftlichen Besonderheiten auf

Ast, Äste → Hinweis auf die Ableitung ä von a

bitten → steht alleine, da *bittet* keine besondere Strategie verlangt

bleiben, bleibt → die kombinatorische Verhärtung /bleipt/, führt über *blei-ben* zur Richtigschreibung

In den Jgst. 1 und 2 liegt der Schwerpunkt der rechtschriftlichen Arbeit auf der Sicherung der alphabetischen Strategie. Deshalb sind auch im Grundwortschatz deutlich mehr Mitsprechwörter aufgenommen worden. In den Jgst. 3/4 verlagert sich die Arbeit auf die Sicherung des morphematischen Prinzips. Außerdem werden die Merkwörter mit der Mitlautverdopplung übergeführt in die Nachdenkstrategie: „Höre ich nach einem kurzen Vokal nur einen Mitlaut, so muss ich ihn verdoppeln.“

Jahrgangsstufe 1 / 2	Strategie	Jahrgangsstufe 3 / 4
110	Mitsprechwörter	60
50	phonologische Regelhaftigkeiten	
75	Nachdenkwörter	60
90	Mitlautverdoppelung	80
	Merkwörter	100

Grundwortschatz als Unterrichtswortschatz

Nicht nur die im vorherigen dargestellte Funktion des Modellcharakters für den Aufbau der deutschen Rechtschreibung war für die Zusammenstellung des verbindlichen Wortschatzes wichtig. Es sollten auch die häufig gebrauchten Begriffe aus dem Fachunterricht berücksichtigt werden. So wurden insbesondere aus dem HSU relevante Begriffe aufgenommen. Als Entscheidungskriterium diente vor allem der Gesichtspunkt der schriftlichen Verwendung im Alltag. Wie schon öfters erwähnt, ist das Ziel des Rechtschreibunterrichts die Verwendung im Schriftalltag. Auch die Begriffe aus dem Mathematikunterricht wurden nach diesem Gesichtspunkt ausgewählt.

Grundwortschatz als Schreibwortschatz der Kinder

Die Arbeit mit dem Grundwortschatz hat das oberste Ziel, den Schülern einen Grundbestand an rechtschriftlich gesicherten Wörtern für ihre eigenen Texte zur Verfügung zu stellen. Die Häufigkeitserhebungen von Menzel, Pregel/Rickheit, Plickardt sowie die neueste Erhebung von Sigrun Richter zum Gebrauchswortschatz bayerischer Grundschulkinder wurden zusammen mit dem bisherigen Grundwortschatz in einer umfassenden Datenbank zusammengefasst. Aus den verschiedenen Datensätzen ergaben sich viele Deckungsgleichheiten. Die häufig gebrauchten kleinen Wörtchen wurden in einer gesonderten Liste zusammengefasst, da sie jahrgangsunabhängig zu automatisieren sind. Sie folgen oft dem Prinzip der Sparschreibung (z. B. *am* statt *amm*, *in* statt *inn*) oder können nicht zurückgeleitet werden (z. B. ab, und, sind).
Neben diesem für alle verbindlichen Grundwortschatz muss der Schreibwortschatz durch den individuellen Wortschatz der Kinder erweitert werden. Von einer genauen Zahlenangabe wurde im Lehrplan abgesehen. Die Kommission ging jedoch von ca. 300 zusätzlichen Wörtern im Laufe der Grundschulzeit aus. Damit verfügen die Kinder, je nach ihrem persönlichen Leistungsvermögen über einen gesicherten Bestand von ca. 1000 Wörtern.

4.2 Gewinnung des individuellen Wortschatzes

„Richtig schreiben" ist in den Lernbereich „Für sich und andere schreiben" eingebunden, zu dem auch „Texte verfassen" gehört. Damit wird ausgedrückt, dass das Erlernen der Rechtschreibung im Deutschunterricht kein isolierter Bereich sein soll. **Die korrekte Rechtschreibung dient allein dazu, sich schnell und für andere lesbar zu verständigen, und soll kein Selbstzweck sein.** Dies ist einer der Gründe, warum Rechtschreibunterricht zum großen Teil im Zusammenhang mit der Arbeit an eigenen Texten gelernt werden soll. Aus der Lernpsychologie kommt die Erkenntnis, dass Kinder emotional bedeutsame Wörter besser behalten als neutrale Wörter. (Vgl. Richter 1998, S. 14 ff) So heißt es konsequenterweise im Lehrplan Deutsch: „Der Grundwortschatz wird durch individuelles Wortmaterial der Kinder ergänzt." (Lehrplan für die Grundschulen in Bayern, S. 294)

Aus den eigenen Texten wählen die Kinder selbst ihre Lieblingswörter, also Wörter, deren Rechtschreibung sie gerne lernen wollen. Zweitens wählt die Lehrkraft nicht normgerecht geschriebene Wörter mit Modellcharakter aus. Bei der Auswahl von Übungswörtern sollen keinesfalls alle falsch geschriebenen Wörter geübt werden, sondern ihre Anzahl muss begrenzt werden. Die Lehrkraft trifft eine Vorauswahl und kennzeichnet geeignete Wörter z. B. für die Aufnahme in eine Wörterkartei. Diese Wörter können in der Jgst. 1 noch ungeordnet in einem „Wörterschatzkästchen" gesammelt und geübt werden. In den weiteren Jahrgangsstufen entsteht aus dem „Schatzkästchen" die Arbeit mit der „Wörterkartei".

Der individuelle Wortschatz wird nicht in die allgemeinen Leistungskontrollen miteinbezogen. Er dient zur individuellen Anwendung der Rechtschreibstrategien und zur Motivation der Schüler.

4.3 Unterrichtliche Arbeit mit dem Wortschatz

Grundwortschatzliste für jedes Kind

Zu Beginn des Schuljahres wird für jedes Kind die Wörterliste in einer gut lesbaren Druckschrift kopiert. Sie sollte für die rechtschriftliche Arbeit ständig zur Verfügung stehen. Diese Liste könnte für die Jgst. 1/2 auf zwei DIN-A4-Seiten im Querformat untergebracht werden (vgl. Anhang Kopiervorlagen für den Grundwortschatz). Häufig sollen Wörter nach verschiedenen Aufgaben herausgesucht werden, z. B. Wörter mit *eu* oder Wörter, die zum Thema Winter passen.

Umgang mit den häufigen Wörtern

Sie eignen sich besonders zum schnellen Speichern und Abrufen. Übungen wie Blitzlesen oder Verwenden in Lückensätzen sollten immer wieder durchgeführt werden.

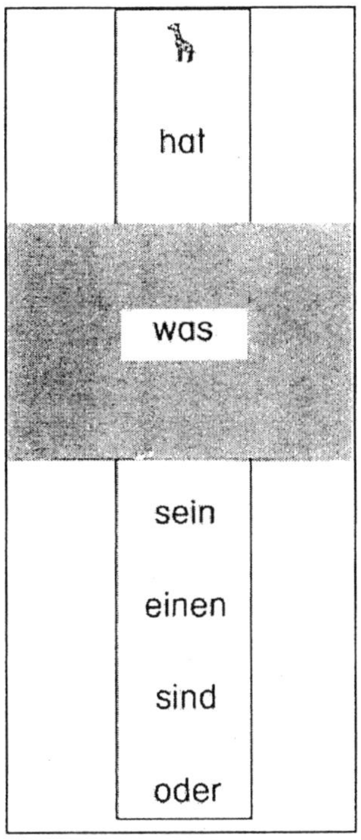

Die linke Abbildung zeigt einen Lesestreifen für Blitzwörter. Zur rechtschriftlichen Arbeit eignen sich die Einzelwörtchen weniger. Sie sollten immer in einen Sinnzusammenhang eingebunden werden.

Beispiel für Lückensätze mit den kleinen Wörtchen:

Es ____ Herbst. Der Wind weht ____ Blätter
von ____ Bäumen. Sie fallen ____ die Erde.
Im welken Laub kann sich ____ Igel I
warmes Nest für ____ Winter bauen.

Der Text wird gelesen und kann danach zu einem Abschreibtraining eingesetzt werden. Dabei werden die Blitze durch die entsprechenden Strukturwörter ersetzt.

Sammeln in der Wörterkartei

Die Arbeit mit Karteikarten ist eine Möglichkeit, Wörter zu sammeln, die rechtschriftlich gesichert werden sollen. Die Wörterkartei kann verschiedene Aufgaben erfüllen:

- Einüben des Grundwortschatzes
- Üben von falsch geschriebenen Wörtern (individuelle Fehlerkartei)
- Sammeln des individuellen Wortschatzes
- Anbahnen von Regelwissen durch Ordnungs- und Erklärungsaufgaben mit den Wortkarten

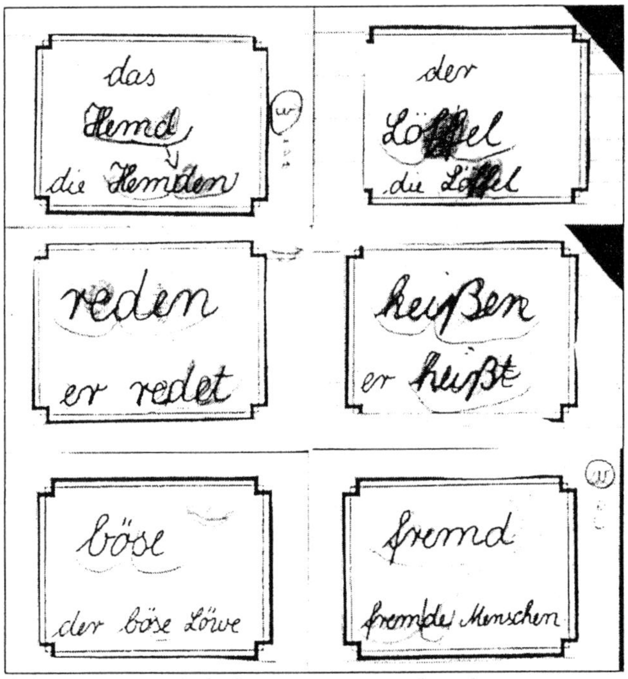

Schülerkarten aus einer Jgst. 2

Je nach didaktischer Verwendung enthält die Kartei alle Wörter des Grundwortschatzes oder nur die fehlerhaft geschriebenen. Auch die individuellen Wörter der Klasse bzw. des einzelnen Kindes werden aufgenommen.

Die Karten enthalten Wörter aus dem Grundwortschatz. Die Wortarten sind mit Farben gekennzeichnet (Namenwörter mit rot, Tunwörter mit blau, Wiewörter mit grün). Die Symbole geben Hinweise auf die Rechtschreibstrategie: Mund für Mitsprechwörter, Denkblase für Nachdenkwörter, abgeschnittene Ecke für Merkwörter. Dadurch wird das Auffinden der häufiger zu übenden Merkwörter erleichtert.

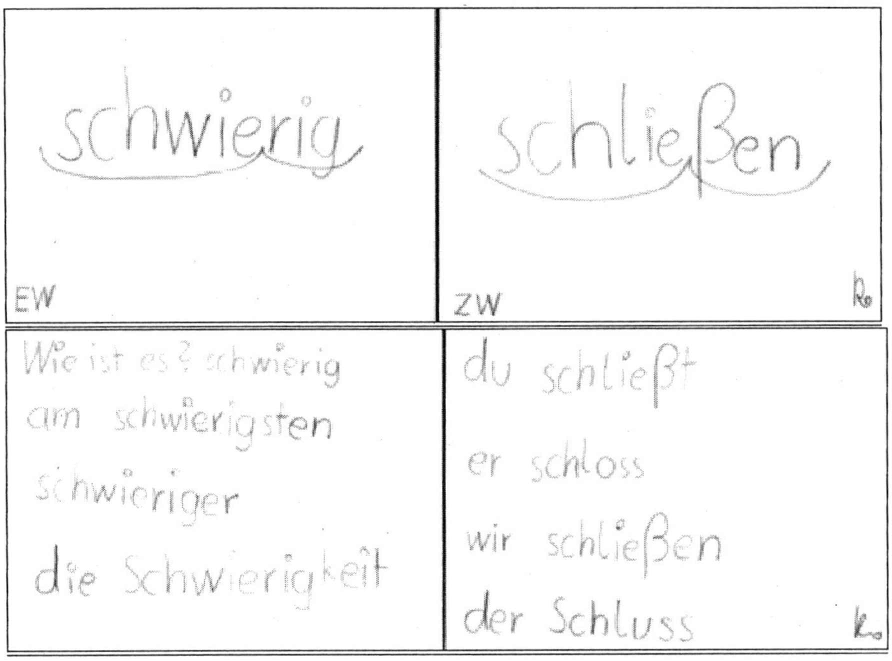

Schülerkarten aus einer Jgst. 3: Vorder- und Rückseite

Neue Wörter müssen rechtschriftlich überprüft werden. Diese Kontrolle führt zunächst die Lehrkraft durch. Sind die Kinder im Umgang mit der Wörterkartei versiert, kann diese Arbeit auch von Mitschülern mit Hilfe des Wörterbuchs oder auch von Eltern übernommen werden. Überprüfte Karten werden mit einem Zeichen versehen.

Allgemeine Übungstipps für die Kinder:

So arbeitest du mit der Kartei:

1. Suche dir Wörter aus und präge sie dir ein. (6er-Schritt-Abschreibtechnik)
2. Lasse dir die Wörter diktieren.
3. Vergleiche die Wörter mit der Vorlage.
4. Karten mit falsch geschriebenen Wörtern wandern zurück.
5. Hast du wieder Platz für „Neue Wörter"? Fülle auf.

Wenn der Transport des Karteikastens zu umständlich ist, können sich Kinder, die zu Hause üben wollen, einige Wortkarten auswählen und diese mit nach Hause nehmen. Deshalb sollten Eltern eigens an einem Elternabend in die Arbeit mit dem Karteikasten eingeführt werden.

Schon gegen Ende der Jgst. 1 kann mit einer stark vereinfachten Wörterkartei diese Technik eingeübt werden. Hier werden sicherlich die Wörter vorgegeben, z. B. aus dem Grundwortschatz. Die Rückseite der Wortkarte wird noch nicht genutzt. Die Wörter müssen nicht in ihrer Grundform aufgeführt werden. Das Augenmerk liegt weniger auf einer individuellen Fehlerkartei, vielmehr werden die Kinder an die Aufschreibtechnik und die tägliche Übungsarbeit mit dem Karteikasten herangeführt: Sie lernen Wörter zu suchen, sie richtig aufzuschreiben, dem Partner Wörter zu diktieren, die Wörter mit der Vorlage zu vergleichen und sie wieder einzuordnen. Denkbar wären nur zwei Abteilungen: *Diese Wörter kann ich richtig schreiben. - Diese Wörter muss ich noch üben.* Viele Übungen werden noch mit allen Kindern gleichzeitig durchgeführt.

Ab Mitte der Jgst. 2 kann die Wörterkartei allmählich in die bekannte Lernkartei mit fünf Fächern umstrukturiert werden. Die Kinder lernen aus ihren korrigierten Texten Wörter in die Kartei zu übernehmen und mit ihnen die Abteilungen zu „durchwandern".

In den Jgst. 3/4 sollten die Kinder fähig sein, weit gehend selbstständig mit der Kartei ihre täglichen rechtschriftlichen Übungen zu steuern. Die Wörterkartei ist ein selbstverständlicher Teil der täglichen Unterrichtsarbeit geworden, mit deren Hilfe die Schüler Wörter üben und Wörter nachschlagen können. (Vgl. Richter 1998, S. 53 ff.)

Arbeit mit dem Wörterheft

Anstelle einer Wörterkartei kann in den Jgst. 1/2 auch ein eigenes Wörterheft benutzt werden. In einem Doppelheft mit 32 Doppelseiten werden die rechten Seiten unten mit den Rechtschreibbesonderheiten gekennzeichnet. So entstehen Wörtersammlungen, die sowohl zum individuellen Üben als auch zur Erarbeitung der rechtschriftlichen Besonderheiten genutzt werden können.

Arbeit mit Wörterlisten

Wörterlisten mit Wörtern einer Rechtschreibstrategie eignen sich besonders auch für die häusliche Übung. Der Umgang damit und mögliche Übungsformen sollten an einem Elternabend erläutert werden. Als Übungsheftchen für zu Hause haben sich halbierte Schreibhefte (DIN A5) bewährt. Eine Seite genügt für die Übungswörter des Tages; das handliche Format wird von den Kindern gerne angenommen. Um den Lernfortschritt auf der Wörterliste sichtbar zu machen, sind neben den Wörtern kleine Kästchen eingefügt. In diese dürfen Sternchen eingetragen werden, wenn das Wort richtig geschrieben wurde.

Neben den Wörterlisten zur Erarbeitung im gemeinsamen Unterricht können auch individuelle Wörterlisten an Stelle einer Fehlerkartei angelegt werden. (Vgl. Kap. II/3.4 Fehlerberichtigung)

Arbeit mit dem Rechtschreibheft

Das Rechtschreibheft dient dazu, die konkreten Hilfen für die Rechtschreibung festzuhalten. Hier können sich die Kinder und auch die Eltern immer wieder einen Überblick über die einzelnen Rechtschreibstrategien verschaffen. Im Heft werden Wörtersammlungen mit Ähnlichkeitsklassen, Wortfamilien eingetragen oder Übungstipps aufgeschrieben.

Ein spezielles Ordnungsschema erleichtert den Umgang mit dem Heft. Es kann eingeteilt werden in

- Mitsprechen (Eintrag zur Pilotsprache, Wortbeispiele, Silbenbögen, Übungen zur phonologischen Bewusstheit),
- Nachdenken (einzelne Strategien mit Beispielen/Ausnahmen/einzelne Rechtschreibwerkzeuge/dazugehörige Wörterlisten/Wortfamilien),
- Merken (Übungsvorschläge zum Einprägen des Schreibschemas/dazugehörige Wörterlisten/Wortfamilien, Rechtschreibphänomene, die man sich merken muss, z. B. –ß, stummes-h),
- Hinweise zum Üben mit der Wörterkartei,
- Hinweise zur Wörtersuche usw.

Motivation zur Arbeit mit Wörtern

Nach dem Prinzip „Rechtschreiben lernt man durch Schreiben" unterstützt das häufige Schreiben eines Wortes das Einprägen. Die Motivation der Kinder, Wörter häufig und bewusst aufzuschreiben, bleibt länger erhalten, wenn die äußeren Bedingungen des Schreibens wechseln. Deshalb sollten Kinder über ein großes Repertoire an Schreibwerkzeugen verfügen und viele unterschiedliche Materialien beim Schreiben benutzen (z. B. Sandwanne, Buchstabenstempel o. Ä.). Schönes, buntes, unliniertes, durchsichtiges Papier macht Lust auf Schreiben, deshalb sollte ein kleiner Vorrat an verschiedenen Papieren den Kindern zur Verfügung stehen.

Ein Wechsel in Größe und Gestaltung von Übungsblättern motiviert die Kindern. So schreiben die Kinder auf unlinierten „Rezeptblöcken" (Viertel einer DIN-A4-Seite) Wörter, die sie anderen Kindern verordnen. Auch für die Sammlung von Wörtern in „Wörterlisten" eignen sich schmale linierte Papierstreifen (ein Drittel einer hochformatigen DIN-A4-Seite). Tabellen, Wortscheiben und dergleichen mehr bieten eine Alternative zum Übungsblock und Übungsheft.

4.4 Thematischer Wortschatz

Für das Umsetzen des verbindlichen Grundwortschatzes kombiniert mit dem individuellen Wortschatz wurden unter 4.3 Beispiele aufgezeigt. Eine weitere Möglichkeit ist die Behandlung eines thematischen Wortschatzes.

4.4.1 Unterrichtsbeispiel für die Jgst. 2: Mein Körper

Ansatzpunkt kann der Heimat- und Sachunterricht, der Kunst- oder ein Projektunterricht sein. Bei dem durchgeführten Beispiel war es der Bereich 2.3 im Lehrplan für Kunsterziehung. Ein Kind der Jgst. 2 kann sich meist schon recht differenziert zeichnen. Kann es aber auch alle Teile **be**zeichnen? Dieser Aufgabe geht man beim thematischen Wortschatz ***„Mein Körper"*** nach.

Möglicher Verlauf:

- Die Schüler zeichnen sich nach einer Fantasiereise, die sie in eine Badeanstalt vor einen großen Spiegel geführt hat.

- Ausgehend von den Zeichnungen benennen die Kinder an der Figur des Plakates die einzelnen Körperteile mündlich.

- Durch Zuordnung von grünen Punkten zu den einzelnen Körperteilen auf einem großen Plakat (vgl. Ampelprinzip - Grün: „Ich kann die Mitsprechwörter schreiben.“) erarbeiten sich die Schüler die Schreibweise dieser Wörter selbstständig in quantitativer Differenzierung: *Auge, Nase, Kopf, Gesicht, Finger, Arm, Brust, Bauch, Schulter, Nagel, Nabel, Popo.*

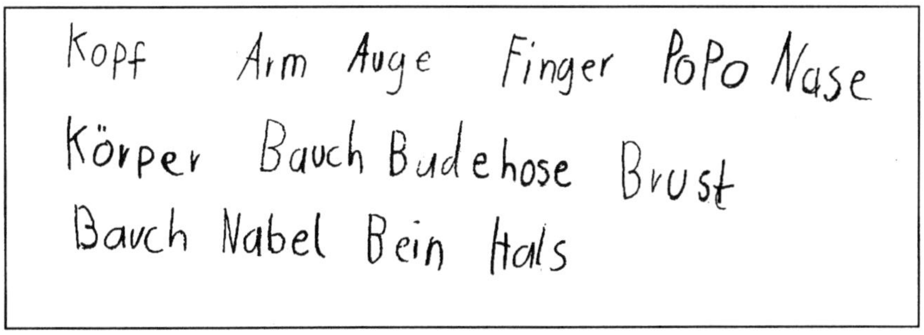

- Anschließend erfolgt die selbstständige Kontrolle mit Hilfe der Wortkarten, die den einzelnen Körperteilen zugeordnet werden.

- Die verbleibenden Wörter bekommen je nach Stand der Klasse einen gelben bzw. einen roten Punkt. *Hand, Mund, Kind* (Auslautverhärtung), *Stirn* (Ich spreche scht, aber ich schreibe St), *Zehe* (silbentrennendes h) und *Knie* (Ich verschrifte den langen i-Laut mit ie.) können erst dann unter die Nachdenkwörtern eingereiht werden, wenn den Kindern diese Strategie bereits zur Verfügung steht. Wenn dies nicht der Fall ist, werden sie vorerst den anderen Merkwörtern mit einer besonderen Merkstelle zugeordnet: *Mädchen, Fuß, Rücken, Haare, Ohr, Zahn, Lippen.*

- In der nächsten Stunde wird die Schreibweise dieser Wörter gemeinsam erarbeitet. Dabei wird auf vorhandenes Wissen der leistungsstärkeren Schüler zurückgegriffen, mit Hilfe der Nachschlagetechnik die Schreibweise erfasst und durch möglichen Transfer eine bereits bekannte Schreibweise auf andere Wörter übertragen. (Im Beispiel war es die bekannte Schreibweise des Wortes „Kind“.)

- Jedes Kind bekommt anschließend das Blatt mit den Bildkarten der meisten Körperteile. Die Wörter stehen auf der Rückseite (vgl. Abbildung). Den Bildern wird wortspezifisch und individuell (für Lisa ist Stirn schon ein Nachdenkwort, für Niklas noch nicht) der entsprechende Punkt zugeordnet: Mitsprechwörter → grün, Nachdenkwörter → gelb, Merkwörter → rot. Die Aufpass-Stellen werden bei den Wörtern markiert, die Wortkarten zerschnitten und in einem Briefumschlag aufbewahrt. So stehen sie zum Üben immer zur Verfügung.

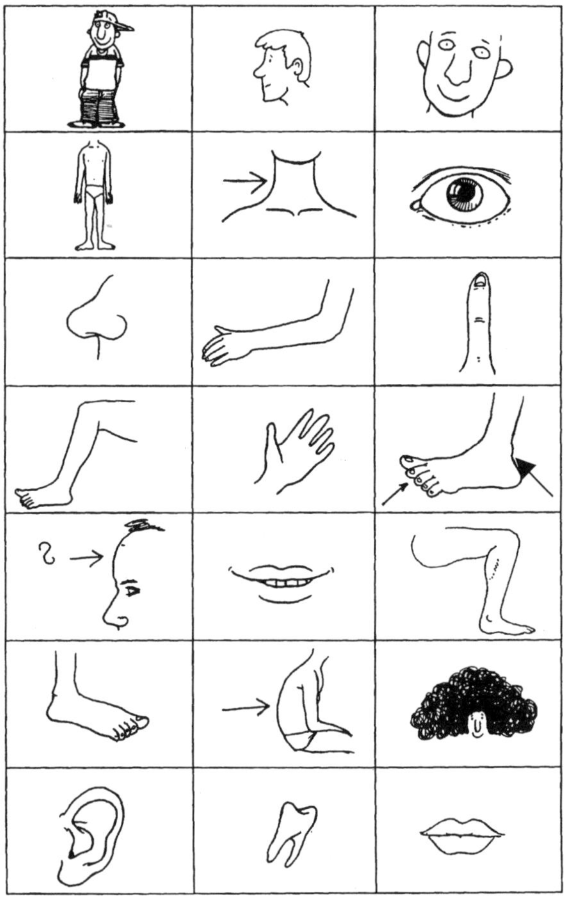

Ge sicht Gesichter	Kopf Köp fe	Jun ge Jungen
Au ge Augen	Hals Häl se	Kör per Körper
Fin ger Finger	Arm Ar me	Na se Nasen
Ze he Zehen	Hand Hän de	Bein Bei ne
Knie Kni e	Mund Mün der	Stirn
Haar Haa re	Rü cken Rücken	Fuß Fü ße
Lip pe Lippen	Zahn Zäh ne	Ohr Oh ren

Bildmaterial aus dem Kommentarband zum Zauberlehrling 2, Diesterweg Verlag

- In 15-minütigen Trainingseinheiten üben die Kinder entsprechend ihren Voraussetzungen an den Übungsbausteinen. Jedes Material steht je nach Bedarf 3–6mal zur Verfügung. Das Verwenden der Wörter in eigenen Sätzen wird dabei immer wieder betont. (Hausaufgabe: Schreibe fünf Sätze mit Wörtern, die eine Merkstelle haben.)

- Nach etwa drei Wochen wird die Einheit mit einer Leistungsmessung (vgl. II/5.2 Probearbeiten) abgeschlossen.

- Eine Wiederholung des Wortmaterials erfolgt durch die folgende Einheit und die damit verbundene Einführung der Tunwörter „Was meine Körperteile alles können".

- Zeitdauer ohne Tunwort: 2½ bis 3 Wochen

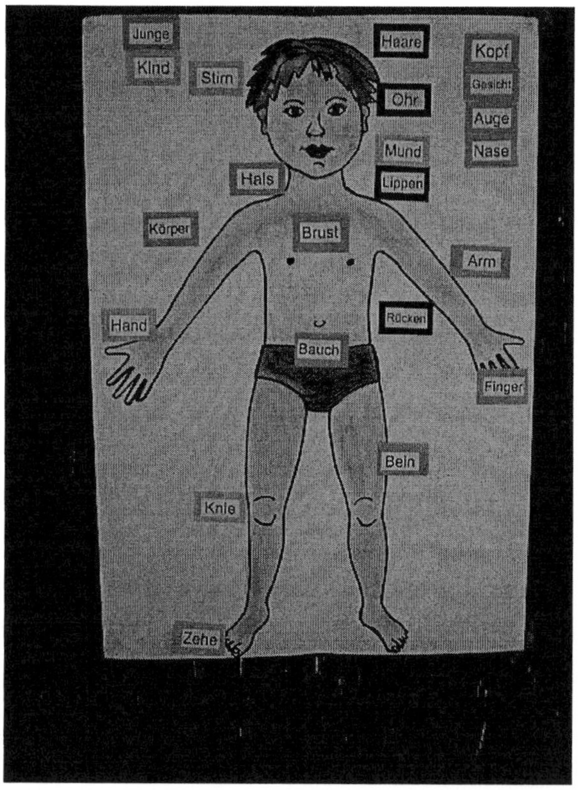

Darstellung der Übungsbausteine

Übungen zur lautlichen Strukturierung

Arbeit mit der Lautkette:

Rückseite

Übungen zur Silbenstruktur

Spielkarten mit Silben:

Kör	per
Au	gen

Sortieren der Bildkarten nach einsilbig und zweisilbig

Differenziertes Üben von Wörtern mit Aufpass-Stellen

Han☝	Mun☝
Fu☝	O☝r

Wahrnehmungsschulung

Auge	Fuß
Auge	Fuß

Lupensätze: Der Igel hat kurze Beine.

Wortmaterial zum thematischen Wortschatz „Mein Körper"

Junge	Kopf	Gesicht
Körper	Hals	Auge
Nase	Arm	Finger
Bauch	Brust	Schulter
Nagel	Nabel	Popo
Zunge	Bein	Stirn
Hand	Mund	Kind
Knie	Zehe	Mädchen
Fuß	Rücken	Haare
Ohr	Zahn	Lippen

Übungen zur Einzahl und Mehrzahl

Hand → Hände
Nagel → Nägel
Kopf → Köpfe

Standortbestimmung: Beschriften eines Arbeitsblattes mit einer entsprechenden Figur

Erkennen der Nachdenkstrategie: Kind - Kinder

Kind	Hand	Mund
W	W	H
bl	L	r
s	B	ges

Erfassen und Verschriften von Rätselwörtern

Du hast zehn davon. Sie haben auch Nägel. Meistens versteckst du sie in Schuhen und Strümpfen.

[redacted]

Verwendung der Wörter in Sätzen (Hausaufgabe)

Die Schüler schreiben zu den Begriffen eigene Sätze und stellen so einen persönlichen Sinnzusammenhang her.

Erweiterung des Wortmaterials durch Reimwörter

Spielplan:

Mund	Hand	Kind
Kopf	Nase	Arm
Fuß	Bein	Zahn

Wortkarte

Hund	Wand	Wind
Topf	Hase	Warm
Gruß	fein	Bahn

4.4.2 Unterrichtsbeispiel für die Jgst. 4: Urlaub

Möglicher Verlauf der Sequenz:

- Durch einen mit Aufklebern versehenen Koffer wird an dem Erlebnishorizont der Kinder angeknüpft. Die Schüler berichten von ihren eigenen Urlaubserlebnissen.

- Die Kinder schreiben auf Papierstreifen für sie wichtige Urlaubswörter und legen sie in den Koffer.

- Wiederholung der Lernstrategien „Wie merke ich mir Wörter?": sprechen, genau anschauen, Satz bilden, Aufpass-Stelle kommentieren etc.

- Die ausgesuchten Wörter (vgl. nachfolgende Sequenz) werden nun nacheinander auf den Tageslichtprojektor gelegt. Die Kinder haben jeweils ca. 10–15 Sekunden Zeit, sich das Wort zu merken. Die Wörter werden so aufgelegt, dass sich daraus eine mögliche Geschichte ergibt. Diese Phase kann durch entsprechende Musik wie z. B. die „Wassermusik" von Händel unterstützt werden.

- Wiedererkennen und Aufschreiben der gemerkten Wörter durch Ausgliedern aus einer vorgegebenen Wortsammlung auf einer Folie

- Einteilung der Wörter nach Mitsprech-, Nachdenk- und Merkwörter durch einen entsprechenden Punkt (grün – gelb – rot); Benennen der Nachdenk- und Aufpass-Stellen und Vernetzung mit dem bereits vorhandenen Wissen

- Eintrag der Wörter in der entsprechenden Spalte der Plakate der Mitsprech-, Nachdenk- und Merkwörter und in die eigene Liste

- Wichtige Wörter der Schüler können zusätzlich aufgenommen werden.

- Selbstständiges Üben entsprechend des individuellen Leistungstandes und der erarbeiteten Arbeitstechniken: vom Aufschreibtraining bis zu morphematischen Übungen (vgl. folgende Übersicht der Sequenz)

- Freies Schreiben von Sätzen und Texten zu dem gegebenen Wortmaterial

- Freies Schreiben von Rätseln zu den Begriffen

- Möglichkeiten zur Erweiterung:
  Maschine ➔ Wörter mit der Endung –ine,
  Erlebnis ➔ Erlebnisse: Verdoppelung bei der Mehrzahlbildung

- Leistungsmessung

Zeitdauer: ca.: 3 Wochen

Darstellung der Sequenz zum thematischen Wortschatz „Urlaub"

Wortmaterial

vorgegebener Wortschatz	individueller Wortschatz
Urlaub - Koffer - packen - bequem - fahren - Bahn - Flugzeug - Maschine - Lärm - Pass - Hitze - schwitzen - Information - Taxi - Hotel - entdecken - Höhle - kühl - gefährlich - klettern - Erlebnis - Handy - erzählen - Land	Aus den Vorschlägen der Schüler werden später noch Wörter entnommen und entsprechend ihrer wortspezifischen Information eingeordnet: Sand, Meer, Krebse, schwimmen

Erarbeitung

Bewusstmachen der individuellen Lernstrategie zum Einprägen	**Systematisierung nach Mitsprech-, Nachdenk- und Merkwörtern**	**Einordnen in einen Sinnzusammenhang**

Übungsbausteine

Wahrnehmungsschulung	Silbenstruktur	Großschreibung
➜ Aufschreibtraining ➜ verfremdetes Wortmaterial Höhle Höhle ➜ Lupensätze Udo entdeckt in der Höhle ein Geheimnis	➜ Zusammensetzen Spielkarten mit Silben ➜ Zerlegen in Silben Erlebnis → Er leb nis	➜ Rechtschreibkino "Groß oder klein?" ➜ Buchstabenhaus ➜ Einsetzen des ersten Buchstabens bei Wortfamilien _Hitze _erhitzen _hitzefrei

Bündeln der Nachdenkstrategien	Bündeln der Merkwortstellen	Morphematisches Prinzip
Auslautverhärtung: Urlaub, Land, Flugzeug, Erlebnis **Doppelter Mitlaut, ck, tz:** Pass, klettern, Koffer, Hitze, schwitzen, packen, entdecken **Im ä steckt das a:** Pässe, gefährlich, erzählen, fährt **Phonologische Regelhaftigkeit:** bequem Vernetzung und Erweiterung mit vielfältigen Übungen	**Wörter mit Dehnungs-h:** Bahn, Höhle, fahren, erzählen, kühl, gefährlich **Fremdwörter:** Information, Handy, Taxi **Ausnahmen:** Lärm ➜ kein Wort mit a Maschine ➜ keine ie-Verschriftung des langen i-Lautes Vernetzung und Erweiterung mit vielfältigen Übungen	➜ Zuordnung von Wortableitungen: Lärm - lärmen Bahn - Bahnhof ➜ Zehnminutentraining mit Grundwort und abgeleitetem Wortmaterial ➜ Verwendung in Sätzen (flektierte Wortformen) ➜ selbstständiges Finden bzw. nachschlagen von Wortfamilien

Freies Schreiben von Sätzen und Texten zum thematischen Wortschatz

Leistungsmessung

5 Leistungsmessung

Zur herkömmlichen, weit verbreiteten Praxis, nämlich die Rechtschreibleistung durch Diktate zu überprüfen, gibt es bessere Alternativen. (Zur Kritik am Diktat vgl. u. a. Brinkmann: 2000, S. 9 ff.) Die hier vorgestellten Überprüfungsmöglichkeiten genügen – im Gegensatz zum Diktat – folgenden Kriterien:

- Es wird nicht ausschließlich die komplexe Gesamtkompetenz „Rechtschreibkönnen" überprüft, sondern ebenfalls Teilkompetenzen.
- Teilkompetenzen beziehen sich auf den zuvor behandelten Stoff im Unterricht bzw. den Übungsschwerpunkt. Auch schwache Schüler haben die Möglichkeit zu Erfolgserlebnissen, die sie mit ihrer Anstrengungsbereitschaft in Verbindung bringen können. Der Teufelskreis aus Angst-Versagen-Unlust-neuer Angst kann durchbrochen werden.
- Der Förderaspekt steht im Mittelpunkt, nicht die Notwendigkeit Schüler zu bewerten. Bei der herkömmlichen Diktatpraxis ist es häufig so, dass der Lehrer schon im Vorfeld weiß, wie die Schüler einzuschätzen sind. Das Diktat dient hauptsächlich dazu, Noten zu erhalten. Eine genaue Analyse der Fehlerschwerpunkte unterbleibt, da diese sehr aufwändig wäre.

Der folgende Abschnitt enthält Einzelaufgaben, die den Kindern gestellt werden können. Selbstverständlich ergeben sich aus der Korrektur derselben immer auch schon Hinweise auf Kompetenzen des Schülers und auf Noch–nicht–Verstandenes, also Förderhinweise. Benotete Proben werden verschiedene Einzelaufgaben enthalten.

5.1 Einzelaufgaben für Lernstandsfeststellungen

Entsprechend den Bereichen des Lehrplans werden kurze Formen der Überprüfung des entsprechenden Lernziels vorgestellt. Der Normalfall wird es sein, diese Überprüfungen nach einer entsprechenden Übungseinheit durchzuführen. Gelegentlich kann es aber auch sinnvoll sein, dies **vor** einer entsprechenden Übungsphase zu tun. Damit erhält der Lehrer einen Überblick, inwieweit die Schüler hier überhaupt Übungsbedarf haben, u. U. auch, welche Verständnisprobleme vorliegen.

Wahrnehmung schulen und Strukturen erkennen

- Lauttreue Wörter werden bildlich vorgegeben, mit der gesamten Klasse benannt (damit keine Unsicherheiten über die Bezeichnung auftreten), anschließend von den Kindern selbstständig aufgeschrieben.
- Auf Wortkarten vorgeschriebene Wörter (oder auch bildlich dargestellte) sollen von den Schülern in Silben getrennt aufgeschrieben werden. Dies ist ausschließlich nach Sprechsilben möglich; die Beachtung der Schreibsilbe kann – abhängig vom Lernstand und der Jahrgangsstufe – durch die Auswahl des Wortmaterials mit überprüft werden.
- Entsprechend kann die Zerlegung in Wortbausteine überprüft werden (ab Ende Jgst. 3). Eine Aufgabe könnte lauten: Ordne folgende Wörter in die Tabelle ein: Baum, reiten, versprechen, Ernährung, ...

Vorsilbe	Wortstamm	Endung

- Hier bietet sich eine Erweiterung durch eigenes Wortmaterial an: Suche selbst je ein Wort, das nur aus dem Wortstamm, aus Wortstamm und Vorsilbe und aus Vorsilbe, Wortstamm und Nachsilbe besteht. Dies könnte u. U. nur als Differenzierungsaufgabe für leistungsstärkere Schüler eingesetzt werden.
- Aus einem vorgegebenen Wortmaterial sollen die Schüler die Wortstellen heraussuchen, die eine rechtschriftliche Besonderheit enthalten, die nicht allein durch Mitsprechen gefunden werden kann. Diese Überprüfung gibt einen deutlichen Hinweis auf die orthografische Bewusstheit der Schüler. Sie eignet sich nicht für eine Bewertung, da eine Kennzeichnung nicht eindeutig als „richtig" oder „falsch" bewertet werden kann.
- Vorgegebenes Wortmaterial sollen die Schüler in eine Tabelle nach offener und geschlossener Silbe (Lang- und Kurzvokal) einordnen. Eine Differenzierung kann hier erfolgen, indem einsilbige Wortformen angeboten werden, die zunächst zweisilbig gemacht werden müssen, z. B. rot - ro-te.

Rechtschreibstrategien aufbauen und sichern

Hier bieten sich Lernstandsfeststellungen entsprechend ***einer*** behandelten Strategie an. Die nachfolgend dargestellten Überprüfungen lassen sich auf unterschiedliche Rechtschreibfälle (Nachdenkwörter) anwenden. Im Folgenden wird als Beispiel die Strategie der Verlängerung gewählt:

- Vorgeben eines richtig geschriebenen Textes oder einer Wortsammlung. Die Schüler sollen die Wörter kennzeichnen, die eine Auslautverhärtung enthalten. Welche Wörter musst du länger machen, um entscheiden zu können, welcher Buchstabe am Schluss zu schreiben ist?
- Vorgeben eines fehlerhaften Textes, z. B. nur die Fehlerart der kombinatorischen Verhärtung. Die Schüler sollen verbessern und unter das Fehlerwort die jeweilige Hilfsform aufschreiben.
- Die Schüler sollen aus dem Gedächtnis Wörter einer geübten Kategorie aufschreiben.

Selbstverständlich lassen sich auch andere Strategien in ähnlicher Weise isoliert überprüfen:

- Ein Text kann nur in Kleinbuchstaben gedruckt vorgegeben werden (vgl. II/2.2.6. Die Großschreibung). Die Schüler sollen den Anfangsbuchstaben überprüfen und ggf. berichtigen.

All diese Übungen können gestaffelt sein: Zunächst wird die Schreibung der Wörter überprüft, an denen das entsprechende Phänomen erarbeitet und geübt wurde. Anschließend kann überprüft werden, inwieweit die Schüler zu einer Übertragung auf ähnliche Fälle in der Lage sind. Durch eine solche Unterscheidung lässt sich sehr gut erkennen, welche Schüler das Prinzip (die Rechtschreibstrategie) erfasst haben und welche Schüler noch am konkreten Wort denken.

Für Merkwörter eignen sich keine Überprüfungen, die Entscheidungen erfordern. Es gelten keine auditiven Regelhaftigkeiten; sie können auch nicht über Nachdenkstrategien erschlossen werden, sondern müssen mit ihren Merkstellen eingeprägt und durch vielkanaliges Üben gesichert werden. Hier wäre bei dargebotenen Falschschreibungen u. U. mit Verwechslungen bzw. dem Auftreten einer Ranschburgschen Hemmung zu rechnen. Also muss sich die Überprüfung des Lernerfolges auf die konkret erarbeiteten Wörter beschränken, z. B.:

- Aufschreiben von fünf Wörter mit ... (stummen h)
- Einsetzen von Lückenwörtern in einen Text
- Aufschreiben von Antworten auf Fragen

- Ein Bild mit entsprechenden Merkwörtern wird vorgegeben. Die Schüler sollen die Wörter oder einen kleinen Text dazu aufschreiben. Beim Text wären zusätzliche, unbekannte Wörter und die Großschreibung zu beachten.

Arbeitstechniken sichern

Das korrekte Aufschreiben kann und soll durch das Abschreiben vorgegebener Texte überprüft werden.
Eine Variante bzw. eine Erweiterung stellt es dar, wenn dem Aufschreiben noch die Notwendigkeit des Kontrollierens vorgeschoben wird. So könnte ein fehlerhafter Text (mit einer Fehlerkategorie) ausgeteilt werden, der zunächst korrigiert werden muss. Nach der Korrektur muss der Text richtig aufgeschrieben werden. Manche Schüler korrigieren zwar richtig, schreiben die Verbesserung aber nicht ab.

Der Umgang mit dem Wörterbuch oder Wörterlisten kann ebenfalls durch kleine Lernzielkontrollen überprüft werden. Mit aufsteigendem Schwierigkeitsgrad bieten sich folgende Kontrollen an:

Wie findet sich der Schüler im Wörterbuch zurecht?

- vorgegebene Wörter suchen und Seitenzahl angeben (oder Vorgängerwort)
- zu einem Stichwort die übrigen genannten Mitglieder der Wortfamilie angeben
- Ordnungen nach dem Alphabet vornehmen (steigender Schwierigkeitsgrad nach dem zweiten, dritten Buchstaben)

Findet der Schüler das entsprechende Stichwort?

- flektierte Wortformen angeben und nach dem Grundwort fragen
- Zusammensetzungen zerlegen lassen
- aus einem vorgegebenen Wortmaterial die Wörter heraussuchen lassen, die vor dem Suchen im Wörterbuch erst verändert werden müssen

Anwendung überprüfen

Gerade das Nachschlagen soll nicht in einer isolierten Unterrichtssequenz stecken bleiben, sondern Gewohnheit beim Schreiben werden. Am Anfang des Lernprozesses wird es sicher nötig sein, dass der Lehrer Hinweise gibt, welche Wörter nachgeschaut werden müssen. Im Laufe der Zeit muss aber auch die Fehlersensibilität gefördert werden. Hier bieten sich fehlerhafte Texte an, die zehn Fehlerwörter enthalten, die die Schüler nachschlagen sollen.

5.2 Probearbeiten

Um differenzierte Noten über die Rechtschreibfähigkeit zu erhalten, können verschiedene Fähigkeiten, wie sie bei den Lernstandsfeststellungen dargestellt wurden, kombiniert werden. Wichtig erscheint aber auch immer die konkrete Anwendung; d. h., richtiges Aufschreiben ist in erster Linie für Hefteinträge von Bedeutung. Deshalb sollten die Schüler wissen, dass sie hierfür eine Note erhalten. So kann der Lehrer also das HSU-Heft hiernach beurteilen.

Beispiel: Probe zum thematischen Wortschatz „Mein Körper“

Diese Leistungsfeststellung ist der Abschluss der unter 4.4.1 angeführten Sequenz zum thematischen Wortschatz „Mein Körper“.

Name: ______________________ Datum: __________

1. Schreibe die Namen unter die Körperteile.

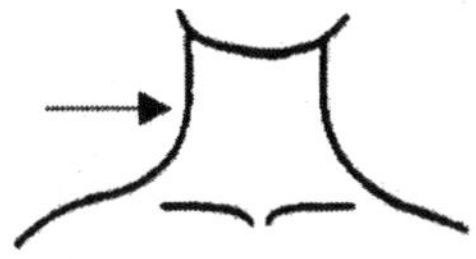
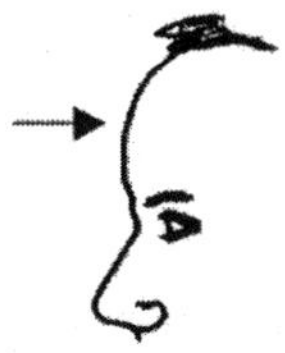

2. Finde zu diesen Wörtern ein Körperteil, das sich darauf reimt.

Topf	klein	Wand	Hahn	wie

3. Schreibe auf.

4. Schreibe zu jedem Bild deinen besten Satz.

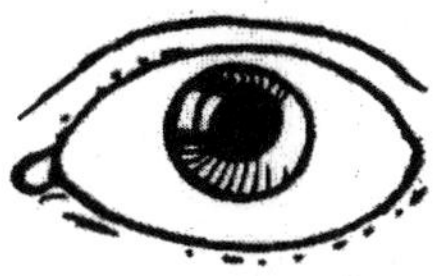

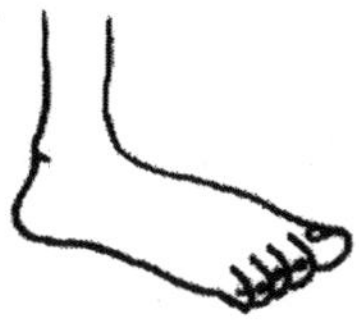

5. Kannst du noch die Monatsnamen schreiben?

Was wird geprüft?

- Das geübte Wortmaterial aus der vorhergehenden Sequenz:
  Mitsprechwörter: Gesicht, Hals, Kopf, Bein, Auge
  Nachdenkwörter: Stirn, Mund, Hand, Knie, Hände, Nägel, Zehen
  Merkwörter: Zahn, Füße, Ohren, Haare, Lippen, Rücken

- Bereits geübtes Wortmaterial aus den drei Bereichen:
  Mitsprechwörter: jeden, waschen, Seife, schneidet, Schere, Januar, Februar, April, Juni, Juli, August, September, Oktober, Dezember
  Nachdenkwörter: Tag
  Merkwörter: Mutter, März, Mai, November

- Strategie der Großschreibung

Aufgabenstellungen:

Aufgabe 1:
Durch die Bildimpulse wird das Wort beim Kind initiiert: Gesicht, Hals, Stirn, Mund

Aufgabe 2:
Das jeweilige Reimwort unter den Körperteilen muss gefunden werden:
Kopf – Bein – Hand – Zahn – Knie

Aufgabe 3 :
Ein Text mit den geübten Wörtern wird diktiert (gelenktes Schreiben):
Jeden Tag wasche ich meine Hände und Füße mit Seife. Meine Mutter schneidet meine Nägel mit einer Schere.

Aufgabe 4:
Freies Schreiben von Sätzen zum Bild:
Im Laufe der Zeit sollen die Schüler ein Gefühl für gute Sätze entwickeln. Nach dem Anspruch „gut – besser – am besten" lernen die Kinder die Sätze in ihrer Sprachqualität zu steigern und nicht nur nach dem einfachen Sprachmuster *Ich habe Augen. Ich habe Ohren* usw. zu schreiben, sondern die Bildimpulse differenzierter zu verschriften.

Aufgabe 5:
Es empfiehlt sich auch immer wieder Wortmaterial abzufragen, das bereits vor einiger Zeit geübt wurde. Diese Maßnahme macht den Schülern deutlich, dass sie nicht für den Moment, sondern dauerhaft lernen sollen.

Abfolge:

Die Kinder beginnen gemeinsam mit der Aufgabe 3. Danach arbeiten sie selbstständig in der von ihnen gewünschten Reihenfolge weiter.

Bei der ***Korrektur*** sind zwei Vorgehensweisen möglich:

1. Falsche Schreibweisen werden gezählt. Probleme tauchen hier bei der Bewertung des freien Schreibens auf, da ein Kind in einem differenzierteren Satz u. U. mehr Fehler macht.

2. Es werden Punkte vergeben:

   Aufgabe 1: 4 Punkte

   Aufgabe 2: 5 Punkte (Wird der Begriff gefunden, aber klein geschrieben gibt es nur einen ½ Punkt: z. B. kopf.)

   Aufgabe 3: Es werden die Füllwörter bei der Bewertung weggelassen. Die restlichen neun Wörter werden jeweils mit 1 Punkt bewertet. Es könnte hier auch eine Unterscheidung zwischen Mitsprechwörtern (jeden, waschen, Seife, schneidet, Schere) und Nachdenk- und Merkwörtern (Tag, Hände, Füße, Mutter, Nägel) gemacht werden: Mitsprechwörter einen ½ Punkt, die anderen Wörter 1 Punkt.

4. Schreibe zu jedem Bild deinen besten Satz.

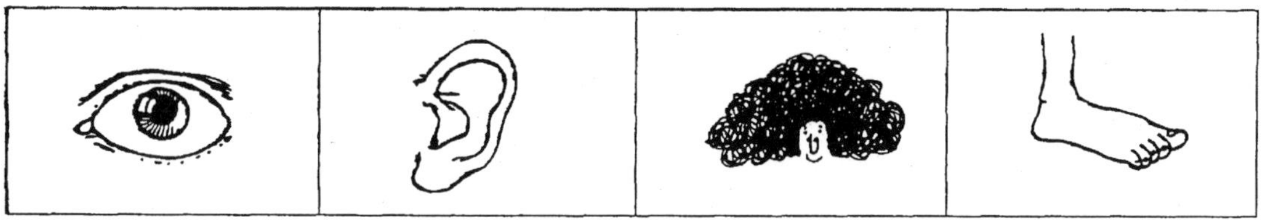

Mit meinem Augen kann ich sér gut sehen. 3

Ohren sind dazu da, dassman hören kann 3

Ich habe lage Haare. 1½

Ich habe zwei Füße. 2½

Aufgabe 4: Die Höchstpunktzahl für jeden Satz sind 3 Punkte. Diese 3 Punkte werden entsprechend auf die Wörter verteilt. Der Satz *Ich habe Augen* könnte im besten Fall 2 Punkte erreichen, da es kein Satz ist, der das Qualitätsmerkmal „bester Satz" bekommen kann.

Werden beim freien Schreiben Wörter verwendet, die das Kind zu diesem Zeitpunkt noch nicht schreiben kann, berichtigt die Lehrkraft z. B. das Wort mit grüner Farbe, zählt es aber nicht als Fehler. (Vgl. beim Beispiel *sehr* und *dass*)

Nach Korrektur 1 hätte die Schülerin bei Aufgabe 4 einen Fehler (lage), nach Bewertung 2 bekäme sie 10 Punkte.

Aufgabe 5: Auch hier bietet sich wiederum die unterschiedliche Bewertung der Mitsprech- und Merkwörter an:
Januar, Februar, April, Juni, Juli, August, September, Oktober, Dezember: 9 x ½ Punkt
März, Mai, November: 3 x 1 Punkt

Damit ergäbe sich eine Gesamtpunktzahl von 4 + 5 + 7½ + 12 + 7½ = 36 Punkte

5.3 Diagnose als Hilfe für Förderentscheidungen

Die oben dargestellten Lernstandsfeststellungen geben natürlich immer einen Hinweis darauf, was der Schüler kann und wo seine Schwierigkeiten liegen. Für den Großteil der Schüler einer Klasse werden diese differenzierten Erhebungen ausreichen, um verantwortlich entscheiden zu können, wie der weitere Lernfortschritt gefördert werden kann. Bei Schülern mit besonderen Schwierigkeiten ist eine weitere Diagnose hilfreich. Diese sollte sich nicht einseitig auf die Defizite konzentrieren, sondern auch das festhalten, was der Schüler bereits kann. Das Können gibt Aufschluss darauf, wie der Schüler weiterlernen kann. Ein Beispiel soll dies verdeutlichen:

Die Lehrkraft hat mit der gesamten Klasse durch einen kleinen Text überprüft, wie die Kinder abschreiben können. Zwei Schüler haben hier noch große Schwierigkeiten. Dies ist auch durch das fehlerhafte Aufschreiben bei Hefteinträgen belegt. Es bietet sich an, bei diesen beiden Schülern einen Schritt weiter zurückzugehen. Jeder Schüler erhält 10 Wörter mit steigendem Schwierigkeitsgrad zum Abschreiben. Die steigende Schwierigkeit bezieht sich auf die Wortlänge und das Vorkommen von Rechtschreibbesonderheiten (also einfaches Wort: rot; schwierigstes Wort: Fieberthermometer). Für eine Diagnose ist es immer hilfreich, wenn man die Schüler bei der entsprechenden Tätigkeit beobachtet. Während der eine Schüler („Thomas“) Probleme hat, die Wortstruktur differenziert wahrzunehmen und beim Schreiben seinen Schreibfluss dem inneren Sprechen anzupassen, gelingt dem anderen Schüler („Peter“) das Aufschreiben der Einzelwörter. Peter verfolgte beim Aufschreiben kleiner Texte oder bei Hefteinträgen eine wenig hilfreiche Strategie: Er konzentriert sich ausschließlich auf den Inhalt und schenkt der Orthografie keine bewusste Beachtung. Peter muss also daran arbeiten, seine Gewohnheit beim Aufschreiben zu ändern. Bei Thomas zeigen sich grundlegende Defizite: Er hat Schwierigkeiten längere Wörter durchzugliedern. Ein Förderprogramm für ihn kann folgendermaßen aussehen: Aufschreiben wird zunächst nur mit einzelnen Wörtern geübt. Hierzu übt er mit der Lautkette und dem Setzkasten. Beim Schreiben werden Wörter auch buchstaben- oder silbenweise aufgebaut. Erst anschließend geht Thomas zu kleinen Sätzen über. Die Zeit für diese Übungen gewinnt der Schüler u. a. dadurch, dass er Hefteinträge nicht schreiben muss, sondern entsprechende Blätter zum Einkleben erhält, oder die Hefteinträge nach Möglichkeit verkürzt werden.

6 Förderung

6.1 Grundsätzliches

In den Vorbemerkungen des Lehrplans zum Fach Deutsch steht folgender Satz: „Unterschiedliche Lerntempi und Lernfortschritte müssen (...) während der gesamten Grundschulzeit berücksichtigt werden, um das Vertrauen in die eigene Leistungsfähigkeit zu unterstützen und ein erfolgreiches Lernen zu ermöglichen. Dies erfordert eine genaue Beobachtung und Feststellung des individuellen Lernstandes.“

Somit sind zu Beginn eines jeden Schuljahres, ganz besonders jedoch zum Schulbeginn, die Lernausgangslage, die Lernvoraussetzungen der Schülerinnen und Schüler individuell zu erheben. Nur so kann jede Lehrkraft erfahren, welche Kinder ihrer Klasse besonderer Aufmerksamkeit und besonderer Betreuung bedürfen.

Beobachtungen

Neben rechtschreibspezifischen Beobachtungen sollten folgende Beobachtungen nicht vergessen werden:

- *(Fein-)Motorik:* Eine nicht altersgemäß entwickelte Auge-Hand-Koordination oder die Verkrampfung der Finger beim Schreiben kann dazu führen, dass ein Kind für die Anfertigung schriftlicher Arbeiten erheblich länger braucht als seine Mitschüler. Der erhöhte Energieaufwand kann seinerseits nach sich ziehen, dass vermehrt Rechtschreibfehler auftreten.

- *Auditive Wahrnehmung:* Dreht ein Kind sein Ohr in Sprechrichtung, hält es die Hand hinters Ohr oder fragt es häufig beim Nachbarn nach, kann dies ein Hinweis auf Probleme in diesem Bereich sein. Sind Schwierigkeiten bei der auditiven Wahrnehmung vorhanden, kann eine phonetische Verschriftung nachhaltig beeinträchtigt werden.

- *Visuelle Wahrnehmung:* Schwierigkeiten in
  - der Figur-Grundwahrnehmung (Ein Kind hat z. B. Probleme, aus sich überlappenden Buchstabenumrissen das „A" zu identifizieren.),
  - der Wahrnehmungskonstanz (Ein Kind hat z. B. Schwierigkeiten aus einer Zeitschrift mit unterschiedlichen Schrifttypen den Buchstaben „B" oder das Wort „aus" herauszusuchen.)
  - oder der Raumlage (Ein Kind zeigt Unsicherheiten bei den Positionen vor, hinter, rechts, links, oben oder unten und verwechselt dann bei den Buchstaben z. B. b, d und g.)

  können sich auf das Erlernen des Richtigschreibens negativ auswirken.

- *Sprachverhalten des Kindes:* Ein verspäteter Spracherwerb, auffällige Artikulationsprobleme (undeutliches, unartikuliertes Sprechen) und Probleme mit grammatikalischen Strukturen führen häufig zu einem Sprachdefizit im Bereich der phonologischen Verarbeitung. Das Kind hat also Schwierigkeiten, die Lautstruktur der gesprochenen Sprache kognitiv zu verarbeiten, was wiederum zu Problemen beim Schriftspracherwerb führt.

- *Arbeits- und Sozialverhalten:* Anhaltende Konzentrationsstörungen, Vermeidungsverhalten oder sozial auffälliges Verhalten vor allem dann, wenn eine Leistung gefordert wird, sollten Anlass sein, ein Kind weiterhin genau zu beobachten, um ihm dann die nötige Hilfe zukommen zu lassen.

Feststellung des Leistungsstandes:

Unabdingbare Voraussetzung für eine gezielte Förderung ist neben einer genauen Beobachtung eine individuelle Feststellung des Leistungsstandes, d. h. jede Förderung setzt eine gründliche Anfangsdiagnose voraus. Um Schüler mit Förderbedarf im Bereich Rechtschreiben herauszufinden, gibt es verschiedene Möglichkeiten.

- Zum Schulanfang: v. a Diagnoseverfahren (z. B. Martschinke et al. 2001) und Trainingsprogramme (z. B. Forster et al. 2001) zur phonologischen Bewusstheit

- Gegen Ende der ersten Klasse:
  - Diktat von Wörtern oder eines kurzen Textes aus dem bisherigen Wortschatz
  - Analyse von frei geschriebenen Texten

- Immer wenn eine Klasse neu übernommen wird:
  - Diktat von Wörtern oder eines kurzen Textes aus dem bisherigen Wortschatz und Überprüfung der erarbeiteten Strategien
  - Analyse von frei geschriebenen Texten, um die Rechtschreibkompetenz auch dann einschätzen zu können, wenn die Aufmerksamkeit des Schülers nicht ausschließlich aufs Richtigschreiben gerichtet ist

Aus der Analyse der Fehlerschwerpunkte ergeben sich dann die Förderschwerpunkte für jeden Schüler.

Aufbau von Selbstvertrauen und Selbstständigkeit

Genauso wichtig wie das Wissen um die spezifischen Schwierigkeiten einzelner Schülerinnen und Schüler einer Klasse ist das Vertrauen in die Fähigkeiten der Kinder. Wenn es gelingt, den Blick nicht ausschließlich auf den Defiziten des Kindes zu haben, dann wird es auch dem Kind gelingen, trotz seiner Schwierigkeiten ein angemessenes Selbstbewusstsein zu entwickeln und intensiv an seinen Problemen zu arbeiten. So bietet es sich beispielsweise bei Beobachtungsbögen zum Richtigschreiben (vgl. II/6.4 Förderdiagnostik und Anhang) an, nicht nur die Fehler eines Kindes zu notieren, sondern auch festzuhalten, was das Kind schon kann. Dadurch bekommt die Lehrkraft neben einer Fehleranalyse ihrer Schüler zugleich auch eine „Stärkeanalyse“ für jedes Kind.

Voraussetzung hierfür ist, die jeweiligen Aufgabenstellungen an den Fähigkeiten der Schüler zu orientieren, d. h. jedem Kind die Erfahrung des Leistenkönnens zu vermitteln.

Um die Persönlichkeitsentwicklung der Schüler mit Förderbedarf im Bereich Rechtschreiben nicht zu gefährden, erscheint es sinnvoll, dass die Förderung schwerpunktmäßig individualisiert im binnendifferenzierten Unterricht erfolgt.

Im Gegensatz dazu sollen Schüler mit besonderen Schwierigkeiten beim Erlernen des Lesens und Rechtschreibens (Legasthenie oder Lese-Rechtschreibschwäche) durchaus in Kleingruppen außerhalb des Klassenverbandes gefördert werden, da deren Schwierigkeiten tiefgreifender sind und anders in der Schule nicht aufgearbeitet werden können.

Förderung in homogenen Leistungsgruppen sollte die Ausnahme sein, da Schüler mit Lernschwierigkeiten in besonderer Weise auf die gewohnte soziale Umgebung im Klassenverband angewiesen sind. Außerdem wird durch die Förderung im Klassenverband auch den restlichen Schülern durch Partner- und Gruppenarbeit die Möglichkeit zu gegenseitiger Hilfe und zum sozialen Miteinander gegeben.

Neben dem Prinzip der Individualisierung im Rahmen des Klassenunterrichts ist bei der Förderung das Prinzip der Ganzheitlichkeit zu beachten. Fachlichen Gesichtspunkten beim Schriftspracherwerb stehen soziale und emotionale Aspekte gegenüber, die es zu beachten gilt.

Ein weiterer Grundsatz für die Förderung ist darauf zu achten, dass Kinder mit Lernschwierigkeiten nicht mehr üben müssen als gute Schüler. In der Regel leiden schwächere Schüler schon genug unter ihren Schwierigkeiten und brauchen keine zusätzliche „Bestrafung“. Was sie jedoch unbedingt brauchen, ist ständige Wiederholung der erarbeiteten Lerninhalte bzw. Strategien (vgl. II/2.5 Wiederholung). Als besonders effektiv hat sich hierbei das tägliche 10-

Minuten-Training erwiesen; verteilte Übung bringt lernpsychologisch gesehen wesentlich mehr als gehäufte Übung.

Ziel jeglicher Förderung sollte es sein, neben der Behebung der Lerndefizite immer auch die Selbstständigkeit des Kindes zu fördern, da die Erfahrung von Eigenverantwortung die Lernbereitschaft stärkt.

Im täglichen Unterricht stehen verschiedene Möglichkeiten zur Verfügung, z. B.
- die Selbstkontrolle des Geschriebenen,
- der eigenverantwortliche Umgang mit dem Wörterbuch,
- das Üben mit Hilfe einer Lernkartei.

Zuletzt darf nicht versäumt werden, gerade Kindern mit Lernschwierigkeiten Erfolgserlebnisse zu vermitteln. Diese Kinder sind an Misserfolge gewöhnt und daher besonders darauf angewiesen, für ihre Leistungen positiv verstärkt zu werden. Bei der Förderung ist deshalb darauf zu achten, dass die Übungen nicht nur motivierend sind, sondern dass vor allem sinnhafte Tätigkeiten (z. B. im Rahmen eines Projektes) favorisiert werden. Nur so kann es gelingen, auch Schülern mit Förderbedarf im Bereich Rechtschreiben zum Aufbau von Selbstwertgefühl zu verhelfen.

6.2 Förderung der Basiskompetenzen

Wenn die Beobachtungen zum Schuljahresbeginn zeigten, dass Schülerinnen und Schüler der ersten Klasse über diese basalen Fähigkeiten noch nicht in ausreichendem Maße verfügen, müssen folgende Bereiche geschult werden:

Auditive Wahrnehmung

- Schalleigenschaften - lange und kurze Töne unterscheiden:
  Solange du einen Ton hörst, malst du mit einem Stift einen Strich auf dein Blatt.
  → Triangel anschlagen, dann Trommel (nur dann können später auch Lautqualitäten unterschieden werden)

- Figur-Grundwahrnehmung:
  Ein Schüler geht vor die Tür. Die Klasse spricht einen bestimmten Vers und wiederholt diesen immer wieder. Ein Kind spricht nicht den Vers, sondern wiederholt stattdessen immer ein bestimmtes Wort. Der Schüler vor der Tür kommt in die Klasse und muss das einzelne Kind herausfinden.

- auditive Seriation:
  - Lehrer macht verschiedene Geräusche, Schüler hören mit geschlossenen Augen.
    → Schüler machen diese Geräusche in der richtigen Reihenfolge nach.
  - später: Lehrer spricht einen „Zauberspruch" aus sinnfreien Silben vor - erst zwei, dann drei, später mehrere Silben. → Kinder sprechen den Zauberspruch nach:
    „mo-la", „mo-la-ti", „mo-la-ti-so", „mo-la-ti-so-ka" usw.
  - Mit zunehmender Buchstabenkenntnis legen die Kinder den „Zauberspruch" mit den entsprechenden Silbenkärtchen in der richtigen Reihenfolge auf ihren Tisch.

- An-, In- und Endlaute nennen, z. B. Anlaut → Welche Wörter hören sich vorne gleich an?
  Ball - Birne - Maus - Blume; Sonne - Auto - Sand – Sieb

- Wörter in Laute zerlegen:
  Bus → /B/-/u/-/s/, *Flasche* → /F/-/l/-/a/-/sch/-/e/, *Tomate* → /T/-/o/-/m/-/a/-/t/-/e/

- aus Lauten Wörter bilden:
  /H/-/u/-/t/ → *Hut*, /S/-/o/-/f/-/a/ → *Sofa*, /B/-/l/-/u/-/m/-/e/ → *Blume*

- Reimen: *Haus - M___ - L____*

- Endreime identifizieren: Welche Wörter reimen sich? → *Hose - Dose - Dorf – Rose*

- Silben segmentieren: Namen der Mitschüler klatschen → *Su-si, Jan, I-sa-bel, Se-bas-ti-an*

Visuelle Wahrnehmung

- Figur-Grundwahrnehmung:
  Verschiedene, sich überlappende Buchstabenformen (A, S, O, M, ...) liegen auf dem Projektor → Die Schüler nennen die Anzahl der verschiedenen Buchstaben, nennen die Anzahl aller A, dann aller S ... (Wenn die Buchstaben noch nicht eingeführt sind, nimmt man Formen.)

- Alternative: Auf einem Blatt sind sich überlappende Buchstaben erkennbar. → In diesem „Wirrwarr" sollen die vorgegebenen Buchstaben herausgesucht werden.

  Aus einem Buchstabensalat oder einem Kreuzworträtsel sollen Buchstaben oder kurze Wörter ausgegliedert werden.

- Wahrnehmungskonstanz:
  In einer großen Schachtel liegen in Form und Farbe verschiedene Holz- oder Moosgummibuchstaben. → Die Schüler müssen möglichst schnell einen vorher gezeigten Buchstaben finden und aus der Schachtel herausnehmen oder gleiche Buchstaben aus Zeitungen und Prospekten ausschneiden und auf ein Blatt kleben.

- Raumlage:
  /b/ und /d/ deutlich artikuliert sprechen, vor dem Spiegel überprüfen: /b/ wird mit den Lippen vorn, /d/ mit der Zunge bei den Zähnen weiter hinten gesprochen.

Lippen sind **rot.** → vorn beim Mund  Also legen wir □ vor O. □O

Zähne sind **weiß.** → weiter hinten im Mund  Also legen wir □ hinter O. O□

- jeweils in den entsprechenden Farben aus Pappe ausschneiden und legen, dazu immer deutlich artikuliert sprechen
- in einer Reihe von b´s und d´s alle „b" rot markieren
- Buchstaben richtig ergänzen: *_is, _ei, _in; er ist _öse*

Deutliches, artikuliertes Sprechen

Einem Schüler, der nur Umgangssprache spricht, Wörter deutlich artikuliert vorsprechen: Sprich das Wort so langsam, dass man jeden Laut hören kann!

Wörter auch in Silben vorsprechen, der Schüler spricht nach; z. B. *Au-to-mo-tor.* Ist diese Übung eingeführt, erleichtert eine vom Lehrer besprochene Kassette das individuelle Arbeiten.

(Fein-) Motorik

Motorische Basiskompetenzen können durch eine Reihe von Bewegungsspielen gefördert werden:
- Jedes Kind erhält einen Luftballon, den es durch Antippen mit verschiedenen Körperteilen in der Luft halten muss.
- Die Schüler gehen paarweise zusammen. Ein Kind verfolgt seinen Partner als „Schatten" und führt alle Bewegungen seines Partners genau aus.
- Die Schüler werden vom Lehrer in Tiere „verzaubert" und bewegen sich wie diese: Hüpfen wie ein Frosch, Kriechen wie ein Wurm, Stampfen wie ein Elefant, ...
- Jedes Kind balanciert einen bestimmten Gegenstand (Radiergummi, Lineal, Mäppchen) auf einem bestimmten Körperteil (Handfläche, Unterarm, Kopf, Fuß).
- Die Schüler laufen bestimmte Buchstaben ab (Tesakrepp auf dem Fußboden).
- Die Schüler formen bestimmte Buchstaben mit Pfeifenputzern.
- Die Schüler stempeln Buchstaben; dafür gibt es Stempel mit den sechs Grundformen, aus denen alle Buchstaben zusammengesetzt werden können (erhältlich bei vpm - siehe Literatur).

Beim Schreiben muss auf Lockerungsübungen geachtet werden, ebenso können Hilfen angeboten werden, wie z. B. dreieckige Aufstecker für Bleistifte. Im Unterricht bieten sich verschiedene Möglichkeiten zur Differenzierung der Feinmotorik an:
- „Klavierspielen" auf der Bank nach einigen geschriebenen Wörtern
- Massieren der Hand mit dem „Schreibigel" (Plastiklockenwickler als Massageröllchen)
- Kneten von Buchstaben oder von Gegenständen, die mit einem bestimmten Buchstaben beginnen
- Reißen von Buchstaben aus Tageszeitungen
- Sensory-Buchstaben mit den Fingern nachfahren

- Ausschneiden von Buchstaben aus Zeitschriften → Namensschilder kleben
- Schreibmotorische Übungen: Beidhändiges Schwingen und Schreiben an der Tafel → Schreiben mit dicken Filzstiften oder Wachsmalkreiden auf Plakaten → Nachfahren von Buchstaben und Wörtern auf einem Arbeitsblatt → Schreiben im Heft

Arbeits- und Konzentrationsverhalten

Entspannungsübungen für die körperliche und geistige Entspannung lassen sich gut verbinden mit Übungen, die z. B. die akustische Differenzierungsfähigkeit oder die visuelle Aufmerksamkeit schulen:

- Nach der Entspannung nennt der Lehrer „lauttreue" Wörter *(Nase, Ente, grün, Hose, Sofa)* und nennt dazu einen bestimmten Laut. Die Schüler bestimmen auf einer Matrix die Position des genannten Lautes im Wort.

Lehrerdiktat: e - Nase
t - Ente
n - grün

Schülernotiz:

-	-	-	e
-	-	t	-
-	-	-	n

- Nach der Entspannung diktiert der Lehrer Wörter mit ähnlich klingenden Lauten, die von den Schülern differenziert werden müssen:

Lehrer: Miete
Mode
Boden
Tier

Schüler:

t	t
x	
	x
	x
x	

Später analog: Höre genau auf den betonten Selbstlaut in der offenen/geschlossenen Silbe: Klingt er kurz oder lang?

- Nach der Entspannung: Buchstabensalat auf dem Overheadprojektor → siehe visuelle Figur-Grundwahrnehmung!

- Nach der Entspannung Gegenstände oder Bildkarten (nur lauttreue Wörter) auf den Tisch legen → Die Schüler müssen sich möglichst viel merken und dann die Wörter aufschreiben.

Spielerische Elemente bringen Spaß beim Üben. Sie können verhindern, dass ein Kind mit Lernschwierigkeiten wegen Frustration vorzeitig aufgibt. Unter präventivem Aspekt sollten im Unterricht immer wieder Entspannungsphasen eingebaut werden. Kinder, die Lernschwierigkeiten bewältigen müssen, müssen sich nämlich auch besonders anstrengen und verbrauchen deshalb mehr Energie als ihre Mitschüler.

6.3 Fehlerverständnis

»problems are our friends«

In den Vorbemerkungen des Lehrplans zum Fach Deutsch findet sich folgender Satz: „Fehler sind Schritte auf dem Weg zum richtigen Schreiben. Sie geben wichtige Hinweise auf den Entwicklungsstand der Kinder und sind Ansatzpunkte für die individuelle Förderung." Nach dem Motto „problems are our friends" sollte im Unterricht immer ein konstruktiver Umgang mit Fehlern angestrebt werden. Wenn es dem Lehrer gelingt, Fehler als produktive und höchstpersönliche Lösungsversuche eines Kindes zu sehen, dann liefern ihm diese Fehler Aufschluss über den Lern- und Entwicklungsstand des jeweiligen Schülers.

Die Fehleranalyse wiederum dient somit als Grundlage für die weitere Förderung. Beispiel: Das vom Schüler geschriebene Wort *„Schtunde"* zeigt, dass das Kind lauttreu verschriftet und die phonologische Regelhaftigkeit „Ich spreche scht/Scht, aber ich schreibe st/St" nicht erkannt und/oder noch nicht verinnerlicht hat. Nach einem Rechtschreibgespräch (vgl. II/6.4.3 Rechtschreibgespräch) wird dieser Schüler nun angehalten, möglichst viele Wörter mit dem Anfangslaut st/St zu sammeln und aufzuschreiben.

Fehler sind dabei bei ein- und demselben Kind nicht stabil, da Kinder die zu schreibenden Wörter immer wieder neu konstruieren. So kommt es nicht selten vor, dass innerhalb eines Textes ein- und dasselbe Wort auf unterschiedliche Weise verschriftet wird. Somit helfen Fehlerkategorien nur bedingt weiter, da sie keinerlei Aussagen darüber machen, aus welchen Gründen das Kind das Wort so und nicht anders geschrieben hat. Neben der genauen Fehleranalyse ist also ein Gespräch mit dem Kind über seine Schreibweise wichtig und meist sehr aufschlussreich. Kinder machen Rechtschreibfehler nämlich aufgrund ihrer eigenen - nicht der Norm entsprechenden - Theorien über Verschriftung von Sprache.

Beispiele:

- Eine Schülerin schreibt *„ein Schneeweißes Einhorn"*. Die Lehrerin fragt nach: „Kann es sein, dass du schneeweiß groß geschrieben hast, weil ein Begleiter davor steht?"

- Ein Schüler schreibt *„ich Renne schnell"*.
  → Das Gespräch kann die Denkweise des Kindes aufdecken: „Renne schreibe ich groß, weil ein Begleiter (ich!) davor steht" oder „das Rennen, deshalb schreibe ich groß" oder „ich kann sehen, wenn jemand rennt, also schreibe ich rennen groß".

Diese alternativen Erklärungsmuster machen deutlich, dass jedes Kind auf andere Art an der Korrektur seiner Fehlhypothesen arbeiten muss.

6.4 Förderdiagnostik

Zuallererst müssen körperliche Beeinträchtigungen bzw. mangelnde Sinnestüchtigkeit als Ursache für Rechtschreibschwierigkeiten ausgeschlossen sein. Bevor also ein Lehrer als Diagnostiker tätig wird, sollte bei einer entsprechenden Hypothese eine medizinische Abklärung (Augen, Ohren, Sprechapparat, Feinmotorik der Hand) erfolgen.

Analog der Sichtweise, dass Fehler keine Defizite sind, darf auch die Diagnostik nicht defizitorientiert sein. Förderdiagnostik als prozess- und situationsorientierter Ansatz betrachtet jedes Kind individuell. Förderdiagnostik stellt auch fest, was das Kind bereits kann (Aufbau von Selbstvertrauen!). Sie findet nicht punktuell statt, sondern ist ein Prozess, der sich über das gesamte Schuljahr erstreckt. Wie oben bereits erwähnt, bieten sich verschiedene diagnostische Methoden an.

6.4.1 Beobachtungen

Allgemeine Beobachtungen

Wann?
- zu Beginn eines Schuljahres zunächst frei, nach ersten Anhaltspunkten dann zunehmend systematischer
- Situationen, in denen gut beobachtet werden kann:
  - während der Einzel-, aber auch während Partner- oder Gruppenarbeit
  - im Gesprächskreis
  - beim Abschreiben eines Textes von der Tafel
  - beim Schreiben eines Diktates
  - beim Verfassen eigener, freier Texte
  - in leistungsfreien Situationen (z. B. während der Pausen)
- Beobachtungen der Eltern miteinbeziehen, da sie ebenfalls wichtige Hinweise geben können

Was?
- emotionales und soziales Verhalten (z. B. Selbstkonzept, Vermeidungsverhalten, Zusammenarbeit mit den Mitschülern)
- die Aufmerksamkeit, mit der ein Kind den Unterricht verfolgt
- seine Konzentration
- Motivation
- Arbeitshaltung

Wie?
Allgemeine Beobachtungen für jedes Kind auf Karteikarten notieren, so wird schnell deutlich, welche Schülerinnen und Schüler nun noch gezielt beobachtet werden müssen. Deuten sich bereits Lernschwierigkeiten an, müssen gezielte Beobachtungen folgen.

Gezielte Beobachtungen

Sprachverhalten des Kindes:
- Spricht es alle Laute richtig?
- Kann es Wörter segmentieren?
- Werden Sätze grammatikalisch richtig gebildet?
- Hat das Kind einen altersgemäßen Wortschatz?
- Äußert es sich frei im Erzählkreis?

Schreibmotorik:
- Stifthaltung
- Druck beim Schreiben
- Formwiedergabe der Buchstaben

Auditive Wahrnehmung:
- Kann das Kind verschiedene Laute hinreichend sicher differenzieren?
- Kann es ähnlich klingende Wortpaare diskriminieren?
- Wie steht es mit der auditiven Merkfähigkeit?

Visuelle Wahrnehmung:
- Kann das Kind Bilder/Buchstaben visuell differenzieren?
- Wie steht es mit der visuellen Merkfähigkeit?

6.4.2 Bestandsaufnahme des aktuellen Leistungsstandes im Rechtschreiben

Jgst. 1 und 2

- Phonem-Graphem-Kompetenz: Kann der Schüler alle Laute und Lautverbindungen der deutschen Sprache in die entsprechenden Grapheme umsetzen? (z. B.: Schreibe ein /A/ wie *Apfel*! Schreibe ein /M/ wie *Mama*!)
- Anfangsphoneme benennen (z. B.: Ich sage dir ein Wort und du sagst mir, was du zuerst hörst. *Igel* → *Igel* fängt mit /I/ an.)
- vorgegebene Wörter lautieren lassen; z. B.: Sprich *Sofa* in der Robotersprache! → /S/-/o/-/f/-/a/ (vgl. II/1 Wahrnehmung schulen und Strukturen erkennen)
- lautierte Wörter erkennen (z. B.: „Welches Wort meine ich? /E/-/n/-/t/-/e/“ → „*Ente*“)
- Wörter/Sätze richtig abschreiben (Als Wortmaterial eignen sich der Grundwortschatz der Jgst. 1/2 sowie Wörter aus dem individuellen Wortschatz der Klasse.)
- Wörter (Sätze/kleinen Text) nach Diktat phonetisch richtig schreiben, z. B. *Sofa, Motor, Limonade, Schokoladenkuchen*
- Welche Laute lässt das Kind aus, z. B. Vokale, Konsonanten oder Konsonantenhäufungen?
- Wörter (Sätze/kleinen Text) mit phonologischen Regelhaftigkeiten richtig schreiben, z. B. *„Meuse“* (Wortmaterial: *Leute, Stunde, Tafelkreide, Regenwurm, Gespenst, Postkarte*) Welche phonologischen Regelhaftigkeiten hat das Kind bereits verinnerlicht, welche nicht?

(Weitere Beispiele siehe Kretschmann et al. oder Akademiebericht)

In den ersten Monaten des Schriftspracherwerbs sind Fehler beim lautorientierten Schreiben nicht beunruhigend. Etwa am Ende der Jgst. 1 bis Mitte der Jgst. 2 sollten die Schüler aber vollständig lauttreu verschriften; d. h., dass Schülern, die dann immer noch Fehler beim lautorientierten Schreiben machen, besonderes Augenmerk zukommen muss. Bei der individuellen Beobachtung muss allerdings immer abgeklärt werden, ob beim Kind tatsächlich Defizite in der Lautanalyse vorliegen oder ob es sich um sog. „Flüchtigkeitsfehler“ (z. B.: Laute werden ausgelassen) handelt. Diese unterlaufen auch kompetenten Schreibern, wenn sie sich nicht genügend auf den Sachverhalt konzentrieren.

Bei Ersterem ist eine rechtschreibspezifische Förderung angezeigt (vgl. II/6.5 Fördermaßnahmen). Im zweiten Fall wäre als Förderziel die Anbahnung konzentrativen Verhaltens (vgl. II/6.2 Förderung der Basiskompetenzen) zu nennen.

Jgst. 3 und 4

- Wörter/Sätze richtig abschreiben; als Wortmaterial eignen sich der Grundwortschatz der Jgst. 1/2, sowie Wörter aus dem Wortschatz der Klasse oder auch (neue) zusammengesetzte Wörter, z. B. *Fußball, Stofftier, Fahrrad, Spielzeug*; Satzbeispiel: *Jeder aus unserer Klasse kann etwas ganz besonders gut.*

- Wörter (Sätze/kleinen Text) nach Diktat phonetisch richtig schreiben → *„Roiber“* (Beobachtungsmöglichkeiten siehe Jgst. 1 und 2)
- Wörter (Sätze/kleinen Text) mit phonologischen Regelhaftigkeiten richtig schreiben → *„Reuber“* (Beobachtungsmöglichkeiten siehe Jgst. 1 und 2)
- Wörter (Sätze/kleinen Text) nach Diktat orthografisch richtig schreiben → *„Räuber“*
- Analyse frei geschriebener Texte: Hier bietet es sich an, durch entsprechendes Bildmaterial die Verwendung bestimmter, aufschlussreicher Wörter zu provozieren. Beispiel: Bild von einem G**ar**ten mit Birnb**äu**men. Eine B**ir**ne l**ie**gt am Boden, aus ihr kr**ie**cht gerade ein W**ur**m. → Die Schüler sollen zu diesem Bild eine kleine Geschichte aufschreiben (vgl. II/2.2.1 Phonologische Regelhaftigkeiten).

Aus der Analyse der Fehler ergeben sich später die Förderschwerpunkte (vgl. II/6.5 Fördermaßnahmen) für jeden Schüler.

An dieser Stelle muss darauf hingewiesen werden, dass qualitative Fehleranalysen eines Diktates oder frei geschriebenen Textes nicht ganz unproblematisch sind. Aus der vom Schüler produzierten Schreibung kann nämlich nicht abgeleitet werden, welche Verarbeitungsprozesse dem Kind noch Schwierigkeiten bereiten. So kann ein Schreibfehler aus den unterschiedlichsten Gründen zustande gekommen sein (vgl. II/6.3 Fehlerverständnis) Ein Fehlerwort kann außerdem häufig mehreren Fehlerkategorien gleichzeitig zugeordnet werden; z. B.: *ferlif* statt *verlief* → Das Kind beherrscht die Mitsprechstrategie; Fehler liegen vor in den Kategorien Vorsilbe „ver-“ und für lang gesprochenen i-Laut schreibe ich <ie>. Der Lehrer muss deshalb versuchen herauszufinden, nach welchen „inneren Regeln“ der jeweilige Schüler vorgeht.

Bei tiefgreifenden Problemen mit der Rechtschreibung sei darauf hingewiesen, dass zur diagnostischen Abklärung der Beratungslehrer oder der Schulpsychologe hinzugezogen werden sollte. Der fachlich qualifizierte Berater kann die Rechtschreibleistung eines Schülers z. B. mit der Hamburger Schreibprobe (HSP) von P. May überprüfen. Die HSP differenziert v. a. bei sehr schwachen Schülern, so dass eine evtl. vorliegende Rechtschreibschwäche oder -störung festgestellt werden kann. Zusätzlich können aus der HSP auch Förderansätze abgeleitet werden.

Ältere Kinder haben meist Schwierigkeiten beim orthografischen Schreiben. Orthografische Fehler liegen vor, wenn die Schreibung zwar lauttreu ist, aber nicht den Konventionen der deutschen Orthografie entspricht; d. h., dass Mitsprechwörter nahezu fehlerlos gelingen, während Nachdenk- und/oder Merkwörter vom Schüler fehlerhaft geschrieben werden.

Bei Nachdenkwörtern ist z. B. zu überprüfen:
- Verstoß gegen die Regeln der Großschreibung?
- Wenn ja, wo genau (bei konkreten, bei abstrakten Namenwörtern oder am Satzanfang)?
- Fehler im Bereich der Ableitungen (Umlaute ä und äu)?
- Fehler im Bereich der Auslautverhärtung (b/d/g)?
- Fehler im grammatikalischen Bereich (neben der Großschreibung z. B. Verstöße gegen das grammatikalische t bei Verben)?

Je nachdem, wo der Schüler seine Fehlerschwerpunkte hat, wird die sich anschließende Förderung anders ablaufen.

Bei Merkwörtern ist z. B. zu überprüfen:
- Fehler im Bereich des Dehnungs-h?
- Fehler beim doppelten Vokal?
- Fehler beim ß oder evtl. beim ks-Laut?

Je genauer ein Lehrer die Fehlerarten seiner Schüler kennt, desto besser kann er die individuelle Förderung für jeden einzelnen planen. Fehleranalysen sind hierbei sinnvollerweise aus verschiedenen Bereichen vorzunehmen, d. h. Einbeziehung von Lernstandsfeststellungen, Proben und freien Texten (vgl. II/5 Leistungsmessung).

Hilfreich für den Unterrichtsalltag sind Beobachtungsbögen

- Beispiel für die Jgst. 1./2. → Beobachtungsbogen im Richtigschreiben (siehe Anhang)
- Beispiel für die Jgst. 3./4 → Beobachtungsbogen im Richtigschreiben (siehe Anhang)

Vor allem für Kinder mit Schwierigkeiten im Bereich der Rechtschreibung ist eine genaue Beobachtung Grundlage für eine gezielte, sinnvolle Förderung. Es sei hier noch einmal darauf hingewiesen, dass die Protokollierung neben der Analyse der Fehlerschwerpunkte auch die Stärken des jeweiligen Kindes aufdecken kann.

6.4.3 Rechtschreibgespräch

Wie oben bereits erwähnt, reicht eine Kategorisierung der Fehler und dessen, was das Kind bereits kann, alleine nicht aus. Neben der freien und systematischen Beobachtung, sowie der genauen Erhebung des Leistungsstandes mittels Fehleranalyse ist als dritte Methode der Förderdiagnostik das Gespräch zu nennen. Hierbei sollte nicht nur über falsch geschriebene Wörter sondern ebenso über richtig Geschriebenes geredet werden (Lehrerin: „Wie kommst du darauf, dass das Wort so und nicht anders geschrieben wird?“).

Ziel des Gesprächs:
- Ermittlung der emotionalen Befindlichkeit des Kindes, das Schwierigkeiten mit dem Schriftspracherwerb hat
- Stützung des Kindes in seiner Persönlichkeitsentwicklung
- Herausfinden der Strategie, die der Schreibung zugrunde liegt (Beispiel: Schüler schreibt *„Maschiene“* → Lehrer: „Könnte es sein, dass du auf den langen i-Laut gehört hast und deshalb Maschine mit <ie> geschrieben hast?“)

Inhalte des Gesprächs darüber hinaus:
- Welche Hilfen wünscht sich der Schüler selbst? → So könnten beispielsweise Lernbedingungen verändert werden.
- Welche Lösungsansätze zur Bewältigung seiner Schwierigkeiten sieht der Schüler selbst? → So kann die Eigenverantwortung gestärkt und die Akzeptanz der Förderung erhöht werden.

Unbedingte Voraussetzung dabei ist, dass es der Lehrkraft gelingt, eine Atmosphäre des Vertrauens zu schaffen. Nur dann wird das Kind auch bereit sein, die ihm angebotenen Hilfen anzunehmen.

6.5 Fördermaßnahmen

Fördermaßnahmen haben dann Aussicht auf Erfolg, wenn die Ursachen der Lernschwierigkeiten erkannt sind. Es reicht also nicht aus, die Anzahl der Fehler festzustellen. Ausgangspunkt sind - wie oben erwähnt - immer die Beobachtungen des Lehrers zum sprachlichen, kognitiven, emotional-sozialen und zum motorischen Entwicklungsstand des einzelnen Schülers. Förderung ist somit immer diagnosegeleitet, d. h. auf der Grundlage der Diagnostik (vgl. II/6.4 Förderdiagnostik) werden zuerst die Förderziele für jeden Schüler festgelegt.

Wenn die Beobachtungen zeigen, dass bei einem Erstklässer die notwendigen Basiskompetenzen fehlen, sind vor rechtschreibspezifischen Übungen diese Basisfertigkeiten grundzulegen. (Vgl. II/6.2 Förderung der Basiskompetenzen) Verfügt ein Schüler über die nötigen Basiskompetenzen, kann die rechtschreibspezifische Förderung beginnen.

Fördermaßnahmen bei fehlender Phonem-Graphem-Kompetenz

Wenn die Buchstabenkenntnis noch nicht in ausreichendem Maße vorhanden ist, sind nochmalige Übungen zur Festigung der Phonem-Graphem-Beziehung nötig:

- Anlauttabelle, um sich die Buchstaben-Laut-Zuordnung einzuprägen
- Moosgummi-, Holz- und/oder Sandpapierbuchstaben zum handelnden Lernen
- Buchstaben selbst durch Nadelstiche in Pappe herstellen und sich so der Form bewusst werden
- Buchstaben bei Kim-Spielen ertasten
- Buchstaben-Memorys und Buchstaben-Dominos
- Kassette, auf der der Lehrer bestimmte Laute (/M/ wie *Mama*) aufgesprochen hat → Schüler legt die jeweiligen Buchstaben vor sich hin (Vorteil: Kopfhörer zur individuellen Übung)
- Stempelspiel um Buchstaben selbst zusammenzusetzen (vgl. II/6.2 Förderung der Basiskompetenzen → (Fein-) Motorik)
- Gestaltung eines persönlichen Lieblingsplakates zum schwer merkbaren Buchstaben: aus Zeitschriften Dinge ausschneiden, die das entsprechende Kind gerne mag, und diese auf das Plakat aufkleben.

Dabei sollten die Schüler zum jeweiligen Buchstaben immer auch den entsprechenden Laut nennen. (Weitere Möglichkeiten vgl. II/6.2 Förderung der Basiskompetenzen → Visuelle Wahrnehmung)

Fördermaßnahmen bei Schwierigkeiten, die Anfangsphoneme zu benennen

Übungsmöglichkeiten, bei denen die phonologische Bewusstheit und das akustische Durchgliedern von Wörtern im Zentrum stehen:

- Dem Schüler werden verschiedene Bildkarten vorgelegt; der Schüler spricht das zum Bild gehörende Wort deutlich in einer der Schriftsprache angepassten Sprache und benennt zusätzlich den Anlaut.
- Der Schüler wählt ihm vorgegebene Bildkarten nach jeweils gleichem Anlaut aus (z. B. ***A**pfel, **A**mpel, **A**nanas*) und spricht das zum Bild gehörende Wort überdeutlich.
- Je vier Bilder liegen in einer Reihe, der Schüler spricht sich die Wörter der gesamten Reihe deutlich vor und kennzeichnet immer diejenigen einer Reihe, die mit dem gleichen Laut beginnen (z. B. *Telefon, **E**nte, **E**lefant, Fisch oder **Ei**mer, Lampe, **Ei**s, Apfel*).
- Zu einem vorgegebenen Anlaut muss der Schüler verschiedene Gegenstände suchen.

Analoge Übungen sind später für den Endlaut bzw. für Laute im Wort durchzuführen. (Weitere Übungsmöglichkeiten vgl. II/1.1 Auditive Wahrnehmung)

Fördermaßnahmen bei Schwierigkeiten, vorgegebene Wörter zu lautieren

Hier ist davon auszugehen, dass der Schüler noch nicht in der Lage ist, bestimmte Laute aus einem Wort herauszuhören.

Fördermaßnahmen zur lautlichen Durchgliederung:
Lehrer: „Hörst du in *Banane* ein /i/ (/o/,/e/)?“ oder: „Hörst du in *lalula* ein /i/ (/o/,/e/)?“ Die Einbeziehung sinnfreier Silben ist bei Kindern, die in diesem Bereich Schwierigkeiten haben, notwendig. Nur so ist auszuschließen, dass sich diese Kinder an den Inhalten orientieren und versuchen, ihre Schwäche zu kompensieren.

Danach, wenn einzelne Laute im Wort bzw. in der Silbe gehört werden:
Lehrer gibt sinnfreie Silben vor und lässt sie vom Kind lautieren: Sprich *motu* in der Robotersprache! → /m/-/o/-/t/-/u/

Wenn das Lautieren sinnfreier Silben gelingt:
Einzelne Laute, z. B. I werden dem Kind in Form von Buchstaben vorgegeben.
- Moosgummi-, Holz- und/oder Sandpapierbuchstaben liegen vor dem Kind.
- Verschiedene Gegenstände liegen vor dem Kind.
- Der Schüler nimmt sich einen Gegenstand.
- Er spricht das Wort überdeutlich.
- Er ordnet den Gegenstand einem Buchstaben zu.

Alternative:
- Bildkarten liegen vor dem Kind.
- Schüler nennt die Wörter, die auf dem Bild abgebildet sind.
- Bildkarten werden den Buchstaben zugeordnet.

Wenn von einem auf zwei Laute erweitert wird, ist darauf zu achten, dass die beiden Laute nicht in einem Wort vorkommen (z. B. O und E vorgeben → Wort *„Oma“*; O und I → Wort *„Tomate“).*

Zusätzliche Möglichkeit:
Benutzung von Handzeichen zur Darstellung eines Lautes oder eines Buchstaben (Fotomimik): Die Handzeichen sichern den Laut sprechmotorisch und evtl. auch optisch.

Fördermaßnahmen bei Schwierigkeiten, lautierte Wörter zu erkennen

Wenn ein Kind vorgesprochene Laute nicht synthetisieren kann, kann man die Buchstabenkarten, die ein Wort ergeben, in einem größeren Abstand auf den Boden legen. Das Kind legt sich auf ein Rollbrett und fährt von einem Buchstaben zum anderen. Dabei spricht es den jeweiligen Laut immer so lange, bis es den nächsten Buchstaben erreicht. Die Buchstabenkarten werden immer näher zusammengelegt, sodass die Laute schließlich zu einem Wort verschmelzen. Hierbei sollten zunächst Wörter verwendet werden, deren Einzellaute gedehnt gesprochen werden können wie z. B. *Oma* aber nicht ***Opa****, Salami* aber nicht ***Tomate***.

Fördermaßnahmen bei Schwierigkeiten, Wörter und Sätze richtig abzuschreiben

Das Aufschreibtraining in sechs Schritten muss für diese Schüler nochmals wiederholt und gründlich eingeschult werden. (Vgl. II/3.1 Richtig aufschreiben)

Als hilfreich hat es sich hierbei erwiesen, wenn der Lehrer Schritt für Schritt als Vorbild dient: Der Lehrer schaut sich das Wort genau an und spricht es überdeutlich nach der geschriebenen Vorlage. → Der Schüler macht dies ebenfalls. → Der Lehrer kommentiert die Aufpass-Stelle oder die Besonderheit im Wort. → Der Schüler tut dasselbe. → usw.
In einem nächsten Schritt versucht es der Schüler selbstständig, der Lehrer beobachtet genau und gibt gegebenenfalls Hilfestellung.

Fördermaßnahmen bei Schwierigkeiten mit dem lautorientierten Schreiben

Schwierigkeiten mit dem lautorientierten Schreiben sind auf Probleme bei der Phonemsegmentation und meist auch auf eine ungenügende Kenntnis der Buchstabe-Lautzuordnung zurückzuführen. Somit sind bei Schwierigkeiten in diesem Bereich Übungen zur Lautanalyse in Verbindung mit Schreibübungen empfehlenswert.

Wichtig ist hierbei, dass ausschließlich „lauttreue" Wörter geübt werden. Der Schüler muss beim Schreiben zuerst eine genaue Lautanalyse vornehmen (vgl. II/1.1.1 Phonologische Bewusstheit und o. g. Fördermaßnahmen), indem er die Wörter sehr deutlich artikuliert und die silbische Sprechweise anwendet. Danach muss er die abgehörten Laute in Buchstaben übersetzen (vgl. II/1.2 Deutliches, an die Schriftsprache angepasstes Sprechen).

Zu Beginn ist es sinnvoll, kurze Wörter mit einfacher Silbenstruktur zu üben (z. B. *Haus, Mama, Salami*). Erst wenn die Schreibung dieser einfach strukturierten Wörter gut gelingt, können Plosivlaute und Wörter mit mehreren Konsonanten eingeführt werden (z. B. ***P**alme, A**pf**el*). Hierbei ist es sinnvoll, Wörter, die zu einer bestimmten Gruppe gehören, auf Wortlisten zu sammeln (z. B. ***P**aket, **P**ilz*, oder *A**pf**el, **Pf**erd*, später in der Jgst. 3 und 4 dann ***pf**legen, schim**pf**en, em**pf**inden*).

Zur Lautunterscheidung bieten sich Übungen zum Minimalpaarvergleich an: *M**u**nd-M**o**nd, H**a**nd-H**u**nd, **W**iese-**R**iese, **l**achen-**S**achen, **k**rachen-**D**rachen.*

Nach der Lautanalyse kann der Schüler z. B. mit Hilfe von Moosgummi oder Holzbuchstaben seine Wörter aufbauen. So kann sich das Kind in aller Ruhe auf den Prozess der Lautsegmentation konzentrieren und muss sich nicht auch noch um die Schreibmotorik kümmern. Außerdem können Fehler sehr leicht berichtigt werden.

Zusätzlich ist es möglich, dem Schüler durch Hinzufügen und Wegnehmen einzelner Buchstaben den Wortaufbau zu verdeutlichen, z. B.: „Wenn ich das <H> von *Haus*, das <s> von *Eis* wegnehme, was steht dann da?". Erst ganz zum Schluss kommt der Schreibvorgang als solcher, der allerdings systematisch vorbereitet wurde, sodass kaum mehr ein Fehler entstehen dürfte. Hierbei ist trotz der Vorbereitung darauf zu achten, dass der Schüler beim Schreiben mitspricht. Weiterhin ist zu überprüfen, ob das Schreiben und das Sprechen synchron ablaufen. (Vgl. II/1.2 Deutliches, an die Schriftsprache angepasstes Sprechen)

Fördermaßnahmen bei Schwierigkeiten mit phonologischen Regelhaftigkeiten

Wenn die lautgetreue Schreibweise gesichert ist, muss noch einmal auf phonologische Regelhaftigkeiten eingegangen werden (vgl. II/2.2.1 Phonologische Regelhaftigkeiten). Der Schüler schreibt z. B. *Schtunde* oder *schpielen.* → Wiederholung: „Ich spreche scht/Scht und schp/Schp, aber ich schreibe st/St und sp/Sp." Der Schüler sammelt dann möglichst viele Wörter mit dem entsprechenden Anfangslaut in einer Wörterliste oder erstellt ein Plakat zu dieser phonologischen Regelhaftigkeit.

Fördermaßnahmen bei Schwierigkeiten mit dem orthografischen Schreiben

Im Bereich des orthografischen Schreibens genügt es nicht mehr, das jeweilige Wort genau abzuhören und dann für jeden gehörten Laut einen Buchstaben bzw. eine Buchstabenverbindung (ch, ng, sch) zu schreiben. Bei Nachdenk- und Merkwörtern ist vielmehr Regelwissen und ein gutes Gedächtnis gefragt. Wenn ein Kind Rechtschreibregeln richtig lernt und sicher beherrscht, helfen sie ihm, seine eigenen Schreibungen auf ihre Korrektheit hin zu überprüfen. Regelwissen alleine ist nicht ausreichend, da es für einige Schreibungen keine Rechtschreibregeln gibt. Es bleibt dem Schüler nichts anderes übrig, als sich diese Wörter zu merken (z. B. B*ah*n, H*aa*re, in denen der Langvokal klingt wie bei Sch*a*le). Langfristig muss an der Unterscheidungsfähigkeit für regelhafte (Sch*a*le) und nicht regelhafte Wörter (B*ah*n, H*aa*re) gearbeitet werden. (Vgl. II/2.4 Wörter mit orthografischen Merkstellen)

Mit Hilfe des Beobachtungsbogens im Richtigschreiben lassen sich die jeweiligen Fehlerschwerpunkte der einzelnen Schüler feststellen. Im Einzelgespräch lässt sich weiterhin klären, welche Denkweise das Kind zur jeweiligen Schreibung veranlasst hat. Ein Kind schreibt z. B. *„Mäuse"* falsch:

- *„Meuse":* Lehrer: Ist es möglich, dass du bei *„Meuse"* nur auf die Laute gehört hast, aber nicht daran gedacht hast, dass das Wort von *„Maus"* kommt? → Hier würde sich ein Wortstammtraining anschließen.
- *„Moise":* → Hier müssten die phonologischen Regelhaftigkeiten wiederholt werden.

Finden sich in einem Text für ein und dasselbe Wort unterschiedliche Schreibweisen, so ist davon auszugehen, dass die erarbeiteten Strategien noch nicht gesichert sind. In diesem Falle müssen die Lerninhalte zum Strategieerwerb wiederholt werden (vgl. II/2 Rechtschreibstrategien aufbauen und sichern).

Der Schwerpunkt der Förderung liegt bei Kindern, die Schwierigkeiten mit dem orthografischen Schreiben haben, bei der Anwendung schlussfolgernden Denkens und bei Lern- und Einprägetechniken. Je nachdem, ob bei Nachdenk- oder Merkwörtern der Problembereich liegt, bieten sich andere Übungen an.

Übungen zur Sicherung von Nachdenkwörtern:

- Erstellung von Listen mit Nachdenkhilfen zum Wortaufbau bzw. zur Wortstruktur, z. B. *Wald* → *Wälder*, also **d** bzw. *Wälder* → ***Wald,*** also **ä**
- Wortbildungen mit Hilfe von Wortbausteinen (z. B. Welche Wörter findest du zu *„back"*, *„such"* oder *„sag"*?)
- Zusammenstellung von ähnlichen Gruppen (z. B. Suchen von Wörtern mit den Vorsilben *„ver-"*, *„un-"* oder den Nachsilben *„-los"*, *„-ung"*)
- Schreiben von Wörtern mit Signalgruppen wie *„ack"*, *„upp"*, *„ett"*, *„atz"*, *„eck"*

(Weitere Möglichkeiten vgl. II/2.2 Nachdenkstrategien und II/2.3 Wörter mit doppeltem Mitlaut)

Übungen zur Sicherung von Merkwörtern:

- Arbeit mit Wortfamilien, Hervorhebung des Merkmals: *fahren, Fahrbahn, Fuhrwerk, er fährt, Fähre, gefahren, verfahren, Vorfahrt, ...*
- Wortlistentraining (vgl. II/4.3 Unterrichtliche Arbeit mit dem Wortschatz)
- Übungen mit der Lernwörterkartei (vgl. II/4.3 Unterrichtliche Arbeit mit dem Wortschatz)

(Weitere Möglichkeiten vgl. II/2.4 Wörter mit orthografischen Merkstellen)

Generell gilt bei der Förderung, dass genauso vorgegangen wird wie bei der unterrichtlichen Gestaltung allgemein; d. h., es hat wenig Sinn mit einem Kind schwerpunktmäßig Wörter mit orthografischen Merkstellen zu üben, wenn die lautgetreue Schreibweise noch nicht zufriedenstellend gelingt. Daraus folgt, dass auch bei einem Kind in einer Jgst. 3 oder 4 das Üben lautgetreuer Wörter im Vordergrund stehen kann. Die Technik des lautgetreuen Schreibens ist deshalb so basal, weil sie auch für Nachdenk- und Merkwörter die Grundlage ist. So kann ein Kind das schwierige Wort *„Xylophon"* nur dann richtig schreiben, wenn es außer der Kenntnis der Merkstellen „y“ und „ph“ die Grundstrategie des lautgetreuen Schreibens beherrscht. (Neue Rechtschreibung: Es ist auch die Schreibung *Xylofon* möglich.

6.6 Das Problem der Motivation

Bei Schülerinnen und Schülern mit Förderbedarf im Bereich der Rechtschreibung stellt sich vor allem in höheren Klassen ein Motivationsproblem. Durch häufige Misserfolge haben diese Schüler meist eine geringe Erfolgserwartung und auch eine geringe Frustrationstoleranz, sowie wenig Lust zum Üben.

Motivation kann deshalb nur dann entstehen,

- wenn auch schwächeren Schülern zuerst ihr Können bewusst gemacht wird und dann in einem zweiten Schritt an ihren Fehlern gearbeitet wird,
- wenn sie die Möglichkeit haben, in unbenoteten Lernstandsfeststellungen gute Ergebnisse zu erzielen,
- wenn bei unterrichtlichen und häuslichen Übungen darauf geachtet wird, dass der zeitliche Rahmen für alle Schüler ungefähr gleich ist (Keine Mehrarbeit für die Schwachen! Diese Mehrarbeit entsteht dann besonders schnell, wenn z. B. in der Schule begonnene Arbeitsblätter als Hausaufgabe fertig zu machen sind.),
- wenn die Sinnhaftigkeit des Richtigschreibens im Vordergrund steht (z. B. Einladung eines Mitschülers zum Geburtstag, die dieser dann auch lesen kann; spielerische Übungsformen alleine werden von den Schülern schnell als „Mittel zum Zweck“ durchschaut.),
- wenn selbst bestimmtes Üben überwiegt,
- wenn die Übungen auch Spaß machen.

6.7 Fazit

Die aufgrund der Diagnostik aufgestellten Förderziele für die einzelnen Schüler sollten nach einem gewissen Zeitraum überprüft und gegebenenfalls abgeändert oder neu formuliert werden. Zusammenfassend sei nochmals daran erinnert, dass stets sämtliche Fördergrundsätze beachtet werden sollten und die gesamte Schülerpersönlichkeit im Blick bleiben muss. Gerade bei schwachen Schülern darf deshalb neben der rechtschreibspezifischen Förderung die Förderung der Konzentration und eines reflexiven Arbeitsstils, sowie der Aufbau von Selbstvertrauen nicht vergessen werden.

Anhang

Grundwortschatz 1/2 - Kopiervorlage

Grundwortschatz 3/4 - Kopiervorlage

Nach Rechtschreibstrategien geordneter Grundwortschatz

Beobachtungsbogen im Richtigschreiben, Jgst. 1/2

Beobachtungsbogen im Richtigschreiben, Jgst. 3/4

Glossar

Literaturhinweise

Mitarbeiter an der Handreichung

Grundwortschatz für die Jahrgangsstufen *1* und *2*

A
Abend, Abende
acht
alle, alles
alt, älter
Ampel
antworten
Apfel, Äpfel
April
arbeiten
Arm
Ast, Äste
Aufgabe
Auge
August
Auto

B
Baby
baden
Ball, Bälle
Bank
Bauch, Bäuche
bauen
Baum, Bäume
Bein
bewegen, bewegt
Biene
Bild, Bilder
Birne
bitten
Blatt, Blätter
blau
bleiben, bleibt
Blume
blühen, blüht
Blüte
Boden
böse
braun
bringen, bringt
Brot, Brötchen
Brief
Bruder
Buch
bunt
Busch

C
Cent
Christbaum
Computer

D
danken
denken
Dezember
Dienstag
Donnerstag
drei
dunkel

E
Ei, Eier
eins
elf
Eltern
Ende
eng
Ente
Erde
essen, isst
Eule
Euro

F
fahren, fährt
fallen, fällt
Familie
fangen, fängt
Februar
fein
Feld, Felder
Fenster
finden
Finger
fliegen
Flügel
flüssig
fragen, fragt
Frau
Freitag
fremd, Fremde
freuen, Freude
Freund, Freundin
frisch
Frucht
Frühling
füllen, Füller
fünf
Fuß

G
Garten
geben, gibt
gehen, geht
gelb, gelbe
Geld, Gelder
Gemüse
Gesicht
gestern
gesund, gesunde
Gras, Gräser
groß, größer
grün
gut

H
Haare
haben, hat
Hals
halten, hält
Hand, Hände
hart, härter
Hase
Haus, Häuser
Haut, Häute
Hecke
heiß
heißen
helfen, hilft, Hilfe
hell
Hemd, Hemden
Herbst
Herr
heute
Hexe
Himmel
hören
Hose
Hund, Hunde
hundert

I
Igel

J
Jahr
Januar
Juli
Junge
Juni

K
Käfer
Kalender
kalt, Kälte
Katze
kaufen
Kind, Kinder
Klasse
Kleid, Kleider
klein
kommen
können, kann
Kopf
Körper
krank
Kraut, Kräuter
Kuh, Kühe

L
laufen, läuft
laut
leben, lebt
legen, legt
leicht
leise
lernen
lesen, liest
Leute
Lexikon
Licht
lieb, lieben
liegen, liegt

M
machen
Mädchen
Mai
malen
Mann, Männer
Maus, Mäuse
Minute
Mittwoch
Monat
Montag
morgen
Mund; Münder
müssen, muss
Mutter

N
Nacht, Nächte
Name
Nase
Nebel
nehmen, nimmt
neu
neun
November

O
Obst
Ohr
Oktober
Onkel
Ostern

P
Papier
Pferd, Pferde
pflanzen
pflegen, pflegt
Pizza
Platz, Plätze
Pommes
Puppe

Q
quaken
Quadrat

R
Raupe
rechnen
reden
Regen
reich
reisen
Rock
rollen
rot
Rücken
rufen

S
Saft, Säfte
sagen, sagt
Salz
Samstag
Sand, sandig
Satz, Sätze
schauen
scheinen
Schere
schlafen, schläft
schlagen, schlägt
Schmetterling
Schnee
schneiden
schnell
schön
schreiben, schreibt
schreien
Schuh, Schuhe
Schule
schwarz
Schwester
sechs
sehen, sieht
Seife
Sekunde
September
sieben
singen, singt
sitzen, sitzt
Sohn
sollen
Sommer
Sonne
Sonntag
Spagetti
sparen
spielen
Sport
Stängel, Stange
stehen, steht
stellen
still
Stift
still
Stirn
Strauch, Sträucher
Stunde
suchen

T
Tag, Tage
Tante
Tasche
Teddy
Tee
Telefon
Temperatur
Thermometer
Tier
Tochter
tragen, trägt
trinken
turnen

U
üben, übt
Uhr

V
Vater
Verkehr
versuchen
vier
Vogel

W
warm, Wärme
warten
waschen, wäscht
Wasser
Weg, Wege
Weihnachten
weiß
weit
werden, wird
Wetter
Wiese
Wind, Winde
Winter
Woche
wohnen
wollen, will
Wort
wünschen
Wurzel

Z
Zahl, zählen
Zahn, Zähne
Zehe
zehn
zeigen, zeigt
Zeit
Zimmer
Zucker
zwei
Zwiebel

Grundwortschatz für Jahrgangsstufen 3 und 4

A
ähnlich
anders, ändern
Angst, ängstlich
ärgern
Arzt, Ärztin
aufräumen, Raum
aufwecken, Wecker
außen
B
backen, Bäcker
Bahn
beginnen, begann, begonnen
Beispiel
beißen, biss
beobachten
bequem
bereits, bereit
Beruf
besser
Bett
bevor
biegen, bog
bisschen
blicken, Blick
blind, Blinde
Blitz, blitzen
Block
bloß
bohren
Boot
boxen
Brand
brav
brennen, brannte
Brille
Brücke
C
Christ
Clown
D
Decke, entdecken
deutlich
deutsch, Deutschland
dick
Diskette
Donner, donnern
Draht, Drähte
draußen
dreckig, Dreck
drehen
drücken, Druck
dumm, Dummheit
dünn
Durst, durstig
E
Ecke, eckig
ehrlich
eigentlich
empfinden, empfindlich
entfernen, Entfernung
entgegen
entwickeln, Entwicklung
erlauben, Erlaubnis
erleben, Erlebnis
erwarten, Erwartung
erzählen, Erzählung
Europa
F
Fehler, fehlerfrei
Ferien
Fernseher, fernsehen
fertig
fett, Fett
feucht, Feuchtigkeit
Feuer
Fichte
Fleiß, fleißig
fließen, floss
Flugzeug
Fluss, Flüsse
Flüssigkeit
frei, Freiheit
fressen, frisst, fraß
Frieden, friedlich
frieren, fror
fröhlich, Fröhlichkeit
Fuchs
fühlen, Gefühl
führen, Führung
G
Gebäude, bauen
Geburt, Geburtstag
Gefahr, gefährlich
geheim, Geheimnis
Gemeinde
Geschäft, schaffen
geschehen, geschieht
Gesetz
gewinnen, gewann, gewonnen
Gewitter
gießen, goss
glatt
Glück, glücklich
glühen
Gott
grüßen
H
Handy
hängen, Hang
hart, härter
häufig, Haufen
heizen, Heizung
herstellen, Herstellung
Hitze
hoffen, hoffentlich
Höhe
Höhle, hohl
Hunger, hungrig
I
impfen, Impfung
Information, informieren
Interesse, interessant
J
jemand, jemanden
Jugend, jugendlich
jung
K
Käfig
Kamm, kämmen
kennen, kannte
Kiefer
klar, erklären
klettern
Kompass
Kraft, kräftig
kratzen
Kreuz, Kreuzung
kriechen, kroch
Krieg, Kriege
kühl, kühlen
Kuss
L
Land, Länder
lang, länger
Lärm
lassen, lässt
Laub
Lehrer, Lehrerin
letzte, letzter
leuchten
Lied, Lieder
links
Löffel
Lohn, belohnen

M
Magnet
Maschine
Maß
Medien
Meer
mehr
messen, misst, maß
Messer
Miete
Mittag, Mitte
mixen
Moos
Müll
N
nah, Nähe
nähen, Naht
Nahrung, ernähren
nass, Nässe
Natur, natürlich
niemals
niemand, niemanden
Nummer, nummerieren
Nuss
nützen, nützlich
O
offen
ohne
P
packen, Päckchen
Paket
Pass, Pässe
passen
Pilz
plötzlich
Programm
Q
quälen, Qual
Quelle
R
Radio
raten, Rätsel
rechts
Recycling
Reh, Rehe
reißen, riss
rennen, rannte
richtig
riechen, Geruch
Ruhe, ruhig
rühren
S
sammeln, Sammlung
Schall
schalten, Schalter
scharf, Schärfe
Schatten
schieben, schob
schief
schimpfen
schließen, schloss
schließlich
Schlüssel
schmecken
Schmutz, schmutzig
Schreck, schrecklich, erschrecken
schütteln
schützen, Schutz
schweigen, schwieg
schwierig, Schwierigkeit
schwimmen, schwamm, geschwommen
schwitzen
See
setzen, besetzt
Skizze, skizzieren
Spaß, Späße
spät, verspäten
Spaziergang, spazieren
Spiegel, spiegeln
Spitze, spitz
Stadt, Städte
Stamm, Stämme
stark, stärken
Steuer, steuern
Stiel
stimmen, bestimmt
Stoff
Strand, Strände
Straße
Strauß, Sträuße
streiten, Streit
strömen, Strom
Stück
Stuhl
Sturm, stürmisch
süß, Süßigkeit
T
Tanne
Tasse
tausend, tausende
Taxi
Technik
Teller
Text
Theater
tief, Tiefe
Träne
Traum, träumen
treffen, trifft, traf, getroffen
treu
trocken
U
überqueren
umkehren
ungefähr
Unterricht
Urlaub
V
Vase
verbieten, verbot
verbrauchen
verbrennen, verbrannte, Verbrennung
Verein, vereinen
vergessen, vergisst, vergaß
verletzen, Verletzung
verlieren, verlor
verpacken, Verpackung
verschmutzen, Verschmutzung
vielleicht
voll, vollständig
Vorfahrt
vorsichtig, Vorsicht
W
wachsen, wuchs, Gewächs
wählen, Wahl
während
Wald, Wälder
wechseln
wichtig
wiegen, wog
wild, wilde
wissen, weiß, wusste
Z
zeichnen
Zeitung
Zeugnis
ziehen, zog
Ziel, zielen
Zukunft, zukünftig
zuletzt
zurück

Nach Rechtschreibstrategien geordneter Grundwortschatz

Strategie	**1 / 2** **ohne weitere Besonderheiten**	**mit weiteren Besonderheiten**	**3 / 4** **ohne weitere Besonderheiten**	**mit weiteren Besonderheiten**
lautgetreue Schreibweise: Ich höre die Lautfolge ab und schreibe nacheinander für die Laute ihre Zeichen. Ich höre ... und schreibe ...	acht alt Ast Aufgabe Auge Auto Bauch Baum blau Blume Blüte böse braun Brot Buch bunt Busch elf Ende eng Ente Frau frisch Frucht fünf Gemüse Gesicht Gras grün gut Hals Hase Haus Haut Hose Junge kalt Kopf krank laut Licht Maus Minute Monat Nacht Name Nase Raupe rot Saft Salz schön Schule Sekunde Tante		anders Arzt bauen beobachten bereits, bereit Beruf Durst eigentlich empfinden, entfernen, Entfernung entgegen erlauben, erleben erwarten, Erwartung Ferien Fichte frei, Freiheit Geburt, Geburtstag geheim, Geheimnis Gemeinde heizen, Heizung Hunger impfen, Impfung jemanden jung klar Kraft lang Magnet Medien Natur, natürlich Paket Pilz Radio raten rechts Geruch schalten, Schalter scharf schimpfen schweigen Technik Traum zeichnen Zeitung Zukunft	

Strategie	**1 / 2** **ohne weitere Besonderheiten**	**mit weiteren Besonderheiten**	**3 / 4** **ohne weitere Besonderheiten**	**mit weiteren Besonderheiten**
	Tasche Telefon Temperatur Woche zwölf			
Endungen –el: Ich sammle Wörter und vergleiche Sprech- und Schreibweise	Ampel Apfel dunkel Flügel Nebel Onkel	*Ä*pfel Him*m*el *I*gel St*ä*ngel, Stange *V*ogel W*ur*zel Zw*ie*bel	Die Schreibweise der Endungen -el, -en und –er ist bei den meisten Kindern automatisiert. Sie fällt deshalb unter die Mitsprechstrategie.	
Endungen –en: Ich sammle Wörter und vergleiche Sprech- und Schreibweise	baden bauen bewegen bleiben Boden bringen fangen finden fragen geben haben halten helfen hören kaufen laufen leben legen lesen machen malen pflanzen pflegen rechnen reden Regen rufen sagen schauen schlafen schlagen singen suchen tragen üben waschen wünschen	antw*or*ten *ar*b*ei*ten bez*ah*len bi*tt*en blü*h*en da*nk*en de*nk*en e*ss*en f*ah*ren fa*ll*en fl*ie*gen fr*eu*en G*ar*ten h*eiß*en ko*mm*en kö*nn*en l*er*nen l*ie*ben l*ie*gen m*or*gen mü*ss*en n*eh*men *qu*aken r*ei*sen ro*ll*en Rü*ck*en sch*ei*nen schn*ei*den schr*ei*ben schr*ei*en se*h*en s*ie*ben si*tz*en so*ll*en *spar*en *spie*len *steh*en *stell*en tri*nk*en t*ur*nen *v*ersuchen w*ar*ten Wei*h*nachten w*oh*nen wo*ll*en		

Strategie	1 / 2 ohne weitere Besonderheiten	mit weiteren Besonderheiten	3 / 4 ohne weitere Besonderheiten	mit weiteren Besonderheiten
		z*äh*len ze*i*gen		
Endungen –er: Ich sammle Wörter und vergleiche Sprech- und Schreibweise	Bilder Bruder Felder Fenster Finger Gelder Kalender Kinder Münder Schwester Tochter Winter	*ä*lter Gr*ä*ser *Ei*er H*äu*ser Bl*ätt*er *Computer* Fü*ll*er grö*ß*er h*är*ter K*ä*fer Kl*ei*der K*ör*per Kr*äu*ter M*änn*er Mu*tt*er Pap*ie*r Schme*tt*erling So*mm*er *Sträu*cher *V*ater Wa*ss*er We*tt*er Zi*mm*er Zuc*k*er		
phonologische Regel-haftigkeiten: ei/Ei Ich spreche ..., **aber** ich schreibe ...	Bein bleiben drei Ei eins fein klein leicht leise reich reisen scheinen schneiden schreiben schreien Seife weit zeigen Zeit zwei	*ar*beiten blei*bt* Ei*er* hei*ß* hei*ß*en Klei*d* schrei*bt* W*eih*nachten wei*ß* zei*gt*	Die phonologische Regelhaftigkeit ei/Ei ist bei den meisten Kindern automatisiert. Sie fällt deshalb unter die Mitsprechstrate-gie.	
phonologische Regel-haftigkeiten: eu/Eu Ich spreche ..., **aber** ich schreibe ...	freuen, Freude Eule Euro Freundin heute Leute neu neun	Freun*d*	Feuer Steuer, steuern deutlich deutsch, Deutsch-land Europa feucht Kreuz, Kreuzung leuchten treu	Flugzeu*g* Zeugnis

Strategie	1 / 2 ohne weitere Besonderheiten	mit weiteren Besonderheiten	3 / 4 ohne weitere Besonderheiten	mit weiteren Besonderheiten
phonologische Regelhaftigkeiten: sp/Sp, st/St Ich spreche ..., **aber** ich schreibe ...	Strauch sparen Stange Stift Stunde	Str*äucher* sp*ie*len ste*h*en, ste*h*t ste*ll*en St*ä*ngel sti*ll* Spage*tt*i Sp*or*t St*ir*n	Steuer, steuern stark streiten, Streit strömen, Strom Sturm, stürmisch	Beisp*ie*l herste*ll*en, Herste*l*-*l*ung Spa*ß*, Sp*äß*e sp*ä*t Spaz*ie*rgang, spaz*ie*ren Sp*ie*gel, sp*ie*geln Spi*tz*e, spi*tz* Sta*dt*, St*ädt*e Sta*mm*, St*ämm*e St*ie*l sti*mm*en, besti*mm*t Stü*ck* St*uh*l Sto*ff* Stran*d*, Str*ä*nde Stra*ß*e Strau*ß*, Str*äuß*e voll, *voll*ständ*ig* st*ä*rken versp*ä*ten
phonologische Regel**haftigkeiten: qu/Qu** Ich spreche ..., **aber** ich schreibe ...	quaken Quadrat		bequem überqueren	qu*ä*len, Qual Que*ll*e
phonologische Regelhaftigkeiten: r mit vorangestelltem Vokal Ich spreche ..., **aber** ich schreibe ...	antworten Arm Birne Eltern Erde Garten gestern hart hören hundert Körper lernen morgen Pferde Schere schwarz turnen warm, warten werden Wort Wurzel	arb*ei*ten h*ä*rter Pfer*d* *Sp*ort *St*irn W*ä*rme wir*d*	Die phonologische Regelhaftigkeit r mit vorangestelltem Vokal ist bei den meisten Kindern automatisiert. Sie fällt deshalb unter die Mitsprech-Strategie.	
lang gesprochener i-Laut in der Schreibweise ie: Ich schreibe für den lang gesprochenen i-Laut in der Regel ie.	Biene Brief fliegen lieben liegen liest Papier sieben spielen Tier	flieg*t* lie*b* lieg*t* sie*h*t	Beispiel Spaziergang, spazieren Spiegel, spiegeln Stiel tief, Tiefe Kiefer riechen biegen Frieden, friedlich	bieg*t* Lie*d*, Lieder schweigen, schwieg flie*ß*en gesche*h*en, geschie*h*t gie*ß*en Krieg, Kriege nieman*d*, niemanden

Strategie	1 / 2 ohne weitere Besonderheiten	mit weiteren Besonderheiten	3 / 4 ohne weitere Besonderheiten	mit weiteren Besonderheiten
	vier Wiese Zwiebel		frieren kriechen Miete niemals schieben schief wiegen Ziel, zielen	Num*m*er, num*m*erie-ren schie*bt* schlie*ß*lich schwier*ig*, Schwie-*rig*keit schlie*ß*en skizzieren *ver*bieten *ver*lieren *v*ielleicht wieg*t* zie*h*en, zog
Ableitungen: Umlaute ä Ich suche ein ver-wandtes Wort mit a.	alt, älter Apfel, Äpfel Ast, Äste Gras, Gräser halten, hält Hand, Hände hart, härter kalt, Kälte Nacht, Nächte Saft, Säfte schlafen, schläft warm, Wärme waschen, wäscht Zahl, zählen	Ba*ll*, Bä*ll*e Bla*tt*, Blä*tt*er *fah*ren, *fäh*rt fa*ll*en, fä*ll*t fangen, fäng*t* Ma*nn*, Mä*nn*er Pla*tz*, Plä*tz*e Satz, Sä*tz*e schlagen, schläg*t* *St*ängel, *St*ange tragen, träg*t* *Zahn*, *Zäh*ne	stark, stärken hart, härter lang, länger anders, ändern Arzt, Ärztin hängen, Hang klar, erklären Kraft, kräftig raten, Rätsel scharf, Schärfe	ä*h*nlich Ang*st*, äng*st*lich bac*k*en, Bäc*k*er Dr*ah*t, Drä*h*te Gef*ah*r, gef*äh*rlich Geschäft, schaffen K*amm*, käm*m*en Lan*d*, Länder la*ss*en, läs*s*t na*h*, Nä*h*e nä*h*en, Na*h*t N*ah*rung, ern*äh*ren na*ss*, Nä*ss*e pac*k*en, Päc*k*chen Pa*ss*, Pä*ss*e *qu*älen, *Qu*al Spa*ß*, Spä*ß*e Sta*dt*, Stä*dt*e Sta*mm*, Stä*mm*e Stran*d*, Strände *voll*ständ*ig* wac*hs*en, wuc*hs*, Gewä*chs* w*äh*len, W*ah*l Wal*d*, Wälder
Ableitungen: Umlaute äu Ich suche ein ver-wandtes Wort mit au.	Bauch, Bäuche Baum, Bäume Haus, Häuser Haut, Häute Kraut, Kräuter laufen, läuft Maus, Mäuse	*St*rauch, *St*räucher	aufräumen, Raum Gebäude, bauen Traum, träumen	häufig, Haufen Strauß, Sträuße
Ableitungen: Auslautverhärtung -d Ich verlängere zu ei-nem mehrsilbigen Wort.	Abend, Abende Bild, Bilder Feld, Felder fremd, Fremde Freund, Freundin Geld, Gelder gesund, gesunde Hand, Hände Hemd, Hemden Hund, Hunde Kind, Kinder Kleid, Kleider		blind, Blinde deutsch, Deutsch-land jemand, jemanden Jugend, jugendlich tausend, tausende wild, wilde	Brand, Br*ä*nde Land, L*ä*nder L*ie*d, L*ie*der niemand, nieman-den Strand, Str*ä*nde w*äh*rend Wald, W*ä*lder

Strategie	1 / 2 ohne weitere Besonderheiten	mit weiteren Besonderheiten	3 / 4 ohne weitere Besonderheiten	mit weiteren Besonderheiten
	Mund, Münder Pferd, Pferde Sand, sandig werden, wird Wind, Winde			
Ableitungen: Auslautverhärtung -g Ich verlängere zu einem mehrsilbigen Wort.	Montag Samstag Tag, Tage Weg, Wege	D*ie*nstag Do*nn*erstag flü*ss*ig Fr*ei*tag So*nn*tag	Durst, durstig fertig feucht, Feuchtigkeit Flugzeug häufig, Haufen Hunger, hungrig richtig wichtig Zeugnis Zukunft, zukünftig	b*ie*gen, bog dre*ck*ig, Dre*ck* E*ck*e, e*ck*ig Flei*ß*, flei*ß*ig K*ä*fig Kraft, kr*ä*ftig Kr*ie*g, Kriege Mi*tt*ag, Mi*tt*e Ru*h*e, ru*h*ig Schmu*tz*, schmu*tz*ig schw*ie*rig, Schw*ie*rigkeit vollständig *v*orsichtig, *V*orsicht w*ie*gen, wog z*ieh*en, zog
Ableitungen: Auslautverhärtung -b Ich verlängere zu einem mehrsilbigen Wort.	gelb, gelbe		Urlaub	Lau*b* sch*ie*ben, schob
Ableitungen: kombinatorische Verhärtung -bt/-bst Ich verlängere zu einem mehrsilbigen Wort.	bleiben, bleibt geben, gibt leben, lebt schreiben, schreibt üben, übt	l*ie*b, l*ie*ben, l*ie*bt Herbst Obst	erlauben, erlaubt erleben, erlebt	schieben, schiebt
Ableitungen: kombinatorische Verhärtung -gt Ich verlängere zu einem mehrsilbigen Wort.	bewegen, bewegt bringen, bringt fragen, fragt legen, legt pflegen, pflegt sagen, sagt singen, singt zeigen, zeigt	fangen, f*ä*ngt fl*ie*gen, fl*ie*gt l*ie*gen, l*ie*gt schlagen, schl*ä*gt tragen, trägt	schweigen, schweigt	Angst, *ä*ngstlich b*ie*gen, b*ie*gt h*ä*ngen, h*ä*ngt w*ie*gen, w*ie*gt
silbentrennendes –h: Ich spreche eine mehrsilbige Form, d. h. ich muss verlängern.	blühen, blüht gehen, geht Kuh, Kühe Schuh, Schuhe sehen stehen, steht Zehe	s*ie*ht	drehen Fernseher, fernsehen glühen Höhe Reh, Rehe ziehen	geschehen, gesch*ieh*t nah, N*ä*he n*ä*hen, Naht Ruhe, ruh*ig*
Mitlautverdoppelung: Ich passe die silbische Sprechweise an die orthografische an: rol-len. Ich erkenne den Zusammenhang zwischen kurzem Vokal und	alle, alles bitten essen, isst füllen, Füller hell Herr Himmel Klasse	Ball, Bälle Blatt, Blätter fallen, fällt flüssig Mann, Männer	beginnen, begann, begonnen besser Bett brennen, brannte Brille Donner, donnern dumm, Dummheit	be*iß*en, biss bisschen fl*ieß*en, floss fressen, frisst, fra*ß* g*ieß*en, goss messen, misst, ma*ß* *Qu*elle r*eiß*en, riss

Strategie	1 / 2 ohne weitere Besonderheiten	mit weiteren Besonderheiten	3 / 4 ohne weitere Besonderheiten	mit weiteren Besonderheiten
nachfolgender Verdopplung. Ich suche eine zweisilbige Form (Verlängerung), spreche silbierend und achte auf die Mitte.	kommen können, kann müssen, muss Mutter nehmen, nimmt Puppe rollen Schmetterling schnell sollen Sommer Sonne stellen Wasser Wetter wollen, will Zimmer		dünn fett, Fett Fluss, Flüsse gewinnen, gewann, gewonnen Gewitter glatt Gott herstellen, Herstellung hoffen, hoffentlich Kamm, kämmen kennen, kannte klettern Kuss lassen, lässt Löffel Messer Mittag, Mitte Müll nass, Nässe Nummer, nummerieren Nuss offen Pass, Pässe passen rennen, rannte sammeln, Sammlung schaffen Schall Schatten Schlüssel schütteln schwimmen, schwamm, geschwommen Stamm, Stämme stimmen, bestimmt Stoff Tanne Tasse Teller treffen, trifft, traf, getroffen	schl*ieß*en, schloss *ver*brennen, *ver*brannte, *Ver*brennung *ver*gessen, *ver*gisst, *vergaß* *v*oll, *v*ollständ*ig* wissen, *weiß*, wusste
Wörter mit tz: s. o.	Katze sitzen, sitzt	Platz, Pl*ä*tze Satz, S*ä*tze	Blitz, blitzen Gesetz Hitze kratzen letzte, letzter nützen, nützlich plötzlich schützen, Schutz schwitzen setzen, besetzt Spitze, spitz zuletzt	Schmutz, schmutz*ig* *ver*letzen, *Ver*letzung *ver*schmutzen, *Ver*schmutzung

Strategie	1 / 2 ohne weitere Besonderheiten	mit weiteren Besonderheiten	3 / 4 ohne weitere Besonderheiten	mit weiteren Besonderheiten
Wörter mit ck: s. o.	Hecke Rock Rücken Zucker		aufwecken, Wecker backen, Bäcker blicken, Blick Block Brücke Decke, entdecken dick drücken, Druck entwickeln, Ent- wicklung Glück, glücklich packen, Päckchen schmecken Schreck, schreck- lich, erschrecken Stück trocken zurück	dreck*ig*, Dreck Ecke, eck*ig* *ver*packen, *Ver*pak- kung
Wörter mit orthogra- fischen Merkstellen: v/V Orthografische Merk- stellen markieren und kommentieren: Ich merke mir: ... schreibe ich mit v.	Vater versuchen Vogel	Verkehr vier	bevor brav Vase verbot verbrauchen Verein, vereinen verlor vorsichtig, Vorsicht	versp*ä*ten verb*ie*ten verbre*n*- *n*en, verbra*nn*te, Verbre*nn*ung verge*ss*en, vergi*ss*t, verga*ß* verle*tz*en, Verle*t*- *z*ung verl*ie*ren verpa*ck*en, Verpa*k*- *k*ung verschmu*tz*en, Ver- schmu*tz*ung v*ie*lleicht vo*ll*, vo*ll*ständig Vorf*ah*rt
Wörter mit ortho- grapfschen Merk- stellen: Dehnungs-h Orthografische Merk- stellen markieren und kommentieren: Ich merke mir: fahren schreibe ich mit ah, Frühling mit üh ... WICHTIG: Immer den Vokal mit einbeziehen!	bezahlen fahren Frühling Jahr nehmen Ohr Sohn Uhr Weihnachten wohnen Zahl Zahn zehn	*fäh*rt *V*erkehr *zäh*len *Zäh*ne	Bahn bohren Draht ehrlich Fehler, fehlerfrei fröhlich, Fröhlich- keit fühlen, Gefühl führen, Führung Gefahr Höhle, hohl kühl, kühlen Lehrer, Lehrerin Lohn, belohnen mehr Nahrung ohne rühren Stuhl umkehren ungefähr Vorfahrt Wahl	*äh*nlich erz*äh*len, Erz*äh*lung gef*äh*rlich ern*äh*ren w*äh*len währen*d*

Strategie	1 / 2 ohne weitere Besonderheiten	mit weiteren Besonderheiten	3 / 4 ohne weitere Besonderheiten	mit weiteren Besonderheiten
Wörter mit orthografischen Merkstellen: doppelter Vokal Orthografische Merkstellen markieren und kommentieren: Ich merke mir: Haare schreibe ich mit aa.	Haare Schnee Tee		Boot Meer Moos See	
Wörter mit orthografischen Merkstellen: ß Orthografische Merkstellen markieren und kommentieren: Ich merke mir: Fuß schreibe ich mit ?.	Fuß groß, größer heiß heißen weiß		außen beißen bloß draußen Fleiß, fleißig fraß grüßen Maß maß reißen Spaß Straße Strauß, süß weiß	fl*ie*ßen g*ie*ßen schl*ie*ßen schl*ie*ßlich Sp*ä*ße Str*äu*ße *v*ergaß
Wörter mit orthografischen Merkstellen: ä ohne Ableitung Orthografische Merkstellen markieren und kommentieren: Ich merke mir: Käfer schreibe ich mit ä..	Käfer Mädchen März		ärgern Käfig Lärm spät, verspäten Träne ungefähr während	
Wörter mit orthografischen Merkstellen: langer i-Laut in der Schreibweise i Orthografische Merkstellen markieren und kommentieren: Ich merke mir: Igel schreibe ich mit i.	Familie Igel		Maschine	
Wörter mit orthografischen Merkstellen: der ks-Laut Orthografische Merkstellen markieren und kommentieren: Ich merke mir: ... schreibe ich mit ...	Hexe Lexikon sechs		wachsen, wuchs, Gewächs boxen Fuchs links mixen Taxi Text wechseln	
Wörter mit orthografischen Merkstellen: besondere Wörter	Baby Cent Christbaum Computer Pizza Pommes Spagetti Teddy Thermometer		Christ Clown Diskette Handy Information, informieren Interesse, interessant Kompass	

Strategie	1 / 2 ohne weitere Besonderheiten	mit weiteren Besonderheiten	3 / 4 ohne weitere Besonderheiten	mit weiteren Besonderheiten
			Medien Programm Recycling Skizze, skizzieren Stadt, Städte Theater Zeugnis	

Beobachtungsbogen im Richtigschreiben für die Jgst. 2, evtl. auch Jgst. 1

Strategie	**Leistungsfeststellungen**					
lautgetreue Schreibweise						
einfache Wörter						
Mitlauthäufungen						
Endung –el						
Endung –en						
Endung –er						
Phonologische Regelhaftigkeiten:						
ei						
eu						
st / sp						
qu						
vok. r						
lang gesprochener i-Laut: ie						
Stammprinzip:						
Auslautverhärtung						
Umlaute ä und äu						
Lautqualität:						
lang – kurz						
weich - hart						
orthografische Elemente:						
Wörter mit V v						
Wörter mit ß						
Wörter mit x, y, c						
andere orth. Elem.						
in freien Texten						
Großschreibung:						
Namenwörter						
Satzanfang						
Sprachstrukturen beachten:						
Wortgrenzen						
Satzzeichen						

⊞ = beherrschte Strategie, ⊟ = noch nicht beherrschte Strategie
Als Grundlage für die Lernbeobachtungen dienen direkte Beobachtungen im Unterricht, gezielte Aufgaben in Form von Lernzielkontrollen, freie Texte der Kinder und individuelle Abfragen nach persönlichem Leistungsstand.
TIPP: Mit unterschiedlichen Farben die Lernzielkontrollen und freien Texte eintragen

Beobachtungsbogen im Richtigschreiben für die Jgst. 3/4

Name:______________________________

Strategie	**Leistungsfeststellungen**						
lautgetreue Schreibweise							
phonologische Regelhaftigkeiten: eu,sp,st,qu							
Großschreibung fehlt							
andere Wörter groß							
Umlaute ä und äu							
Auslautverhärtung							
silbentrennendes - h							
Unterscheidung von Lautqualität: lang-kurz							
Unterscheidung von Lautqualität: weich-hart							
lang gesprochener i-Laut: ie							
Mitlautverdopplung zweisilbige Form							
Mitlautverdopplung Ende							
Mitlautverdopplung Personalform							
Wörter mit tz							
Wörter mit ck							
Wörter mit orthographischen Merkstellen v/V							
Wörter mit orthographischen Merkstellen Schreibweise i							
Wörter mit orthographischen Merkstellen aa/ee/oo							
Wörter mit orthographischen Merkstellen ß							
Wörter mit orthographischen Merkstellen ä							
Wörter mit orthographischen Merkstellen Dehnungs-h							
Wörter mit orthographischen Merkstellen dopp.SL							
Wörter mit orthographischen Merkstellen Fremdwörter							
Buchstaben ausgelassen							
Satzanfang klein							
Leichtsinnsfehler							

Ein solcher Bogen sollte vor allem für die Schüler angelegt werden, bei denen genaue Beobachtungen für eine gezielte Förderung wichtig sind. Durch Verwendung verschiedener Farben kann zwischen den Leistungen in Probearbeiten und denen im freien Schreiben unterschieden werden.

Glossar

Fuge: Damit wird die Schnittstelle bei Wortzusammensetzungen bezeichnet. Im Deutschen gibt es unterschiedliche Fugen, z. B. die Null-Fuge, d. h. die zwei Wörter werden ohne eine besondere Kennzeichnung zusammengesetzt (Haus-tür), oder die s- Fuge, d. h. zwischen erstem und zweitem Wort steht ein s (Geburt-s-tag).

Graphem: Kleinste bedeutungsunterscheidende Einheit auf schriftlicher Ebene. Dies kann im Allgemeinen mit „Buchstabe“ übersetzt werden. Allerdings ist der Begriff „Graphem“ präziser, weil hier von Groß- und Kleinbuchstaben abstrahiert wird und z. B. <ch> seiner Funktion entsprechend ein Graphem (aber: zwei Buchstaben!) darstellt.

Hypothesenbildung. s. Regeln

innere Regelbildung: s. Regeln

Kunstwort: Ein Wort, das es nicht gibt, das konstruiert wurde. Kunstwörter eignen sich, um systematische Zusammenhänge der Rechtschreibung zu erkennen oder zu überprüfen.

Lexem: Grundform eines Wortes (ohne Flexionsformen!) wie es im Lexikon steht, z. B. gehen (nicht: geht oder ging).

Morphem: Kleinste bedeutungstragende Einheit der Sprache. Dies ist meistens ein Wort, kann aber auch eine Endung sein (Flexionsmorphem). Hier wird z. B. die Bedeutung „Plural“ transportiert.

Phonem: Kleinste bedeutungsunterscheidende Einheit auf lautlicher Ebene. In einigen Sinnzusammenhängen kann es mit Laut übersetzt werden. Laute müssen allerdings nicht immer bedeutungsunterscheidend sein.

Plosiv: Die Verschlusslaute (/p,b,t,d,k,g/) sind durch ihre Artikulationsart gekennzeichnet: Sie können nicht „klingen“ sondern werden durch das Öffnen eines Luftstaus gebildet. Sie sind paarig durch die Opposition „viel, bzw. wenig Luft“ angeordnet: An den Lippen /p,b/, hinter den Zähnen /t,d/ und am Gaumen /k,g/.

Ranschburgsche Hemmung oder Ähnlichkeitshemmung: Zu Beginn des Jahrhunderts entdeckte Ranschburg, dass Ähnliches schlechter behalten wird, wenn es in zeitlicher Nähe gelernt wird. Zuerst muss ein Bereich gesichert werden, bevor ein neuer ähnlicher Bereich gelernt werden kann. Dies muss vor allem bei ähnlich klingenden Wörtern, die auf unterschiedliche Weise geschrieben werden, bedacht werden.

Regeln: Zu unterscheiden sind orthografische Regeln und Regelbildungsprozesse beim Kind, auch „innere Regelbildung“ oder „Hypothesenbildung“ genannt. Wenn in der traditionellen Rechtschreibdidaktik vom Lernen nach Regeln gesprochen wird, dann sind damit die an der Norm orientierten Rechtschreibregeln gemeint, die dem Schüler dargeboten werden. Meist werden den Schülern einige Beispiele vorgestellt, hiervon wird die „Regel“ abgeleitet und die Schüler sollen diese Regel auf analoge Fälle übertragen. Wenn in der neueren Rechtschreibdidaktik von Regelbildung gesprochen wird, so sind hier Systematisierungs- und Erkenntnisprozesse gemeint, die innerhalb des Denkens des Schülers ablaufen. Aus einem kognitiven Ordnungswillen heraus versucht der Lernende übergeordnete Regularitäten der Schrift zu erkennen und zu systematisieren.

Schwa- Laut: Das /e/ in der zweiten, unbetonten Silbe; z. B. Has*e*, Ig*e*l, lauf*en*

Literaturhinweise

Adrion, D.: Praxis des Rechtschreibunterrichts, Freiburg 1981[2]

Akademie für Lehrerfortbildung und Personalführung Dillingen: Lese-Rechtschreib-Schwierigkeiten. Donauwörth 2000

Augst, G.: Zu den psycholinguistischen Grundlagen der Orthographie; in: Die Grundschulzeitschrift, Heft 57, 1992, S. 32-33

Augst, G./Dehn, M.: Rechtschreibung und Rechtschreibunterricht. Können Lehren Lernen; Stuttgart, 1998

Balhorn, H./Brügelmann, H. (Hrsg.).: Welten der Schrift in der Erfahrung der Kinder; DLGS-Jahrbuch 2, Konstanz, 1987

Balhorn, H./Brügelmann, H. (Hrsg.).: Jeder spricht anders. Normen und Vielfalt in Sprache und Schrift; DLGS-Jahrbuch 3, Konstanz, 1987

Bartnitzky, H.: Rechtschreiben üben – selbsttätig und materialarm; in: Die Grundschulzeitschrift, Heft137, 2000, S. 6-13

Bergk, M.: Rechtschreiblernen von Anfang an, Frankfurt a.M. 1990[2]

Breuninger, H./Betz, D.: (unter Mitarbeit von: Kleinsimon, K.-P./Möller, E./Peekel, E.) Jedes Kind kann schreiben lernen, Weinheim und Basel 1993[5]

Brinkmann. E.: Balance zwischen Verstehen und Üben; in: Grundschule Heft 5/2000; S. 9-11

Brinkmann, E./Kuhle, Ch.: Über Rechtschreibung nachdenken und selbstständig üben; in: Die Grundschulzeitschrift, Heft 137, 2000, S. 16-19

Brügelmann, H. (Hrsg.): ABC und Schriftsprache: Rätsel für Kinder, Lehrer und Forscher; DLGS-Jahrbuch 1, Konstanz 1986

Brügelmann, H./Balhorn, H. (Hrsg.): Das Gehirn, sein Alfabet und andere Geschichten; DLGS–Jahrbuch 4, Konstanz 1990

Brügelmann, H.: Kinder auf dem Weg zur Schrift, Konstanz, 1992[4] (erstmals: 1983)

Brügelmann, H.: 20 Thesen zum Rechtschreibunterricht. In: Die Grundschulzeitschrift, Heft 52, 1992

Brügelmann, H./Richter, S. (Hrsg.): Wie wir recht schreiben lernen, Lengwil a. Bodensee 1994

Eichler, W.: Schreibenlernen; Schreiben – Rechtschreiben – Texte-Verfassen, Bochum 1992

Eisenberg, P.: Das Wort. Der Laut und die Lautstruktur des Wortes. Der Buchstabe und die Schriftstruktur des Wortes; in: Duden: Grammatik der deutschen Gegenwartssprache, 1995[5], S. 21-84

Eisenberg, P. u. a.: Schreiben: Rechtschreiben. In: Praxis Deutsch Heft 124, 1994

Forster, M./ Martschinke, S.: Leichter Lesen und Schreiben lernen mit der Hexe Susi – Übungen und Spiele zur Förderung der phonologischen Bewusstheit. Donauwörth 2001

Gadow, A.: Übungswörter aus Unterrichtsthemen; in: Die Grundschulzeitschrift, Heft 137, 2000, S. 24, 37-39

Ganser, B. (Hrsg.): „Damit hab ich es gelernt!". Donauwörth 1999

Giehl, L. et al.: Basale Förderkartei zu Bereichen der Wahrnehmung für Schulanfänger. Bergedorfer Lehrerkartei. Horneburg

Grundschulverband aktuell, Januar 1998 Nr.61

Kretschmann, R./Dobrindt, Y./Behring, K.: Prozessdiagnose der Schriftsprachkompetenz. Horneburg 1998

Küpsert, P./Schneider, W.: Hören, lauschen, lernen – Sprachspiele für Kinder im Vorschulalter. Göttingen 1999

Lessmann, B.: Wie die Wörter der Kinder zu Übungswörtern werden; in: Die Grundschulzeitschrift, Heft 137, 2000, S. 20-23

Mann, Ch.: Selbstbestimmtes Rechtschreiblernen – Rechtschreibunterricht als Strategievermittlung, Weinheim und Basel 1995[3]

Mann, Ch., Oberländer, H., Scheid, C.: LRS - Legasthenie. Prävention und Therapie. Weinheim 2001
Martschinke, S./Kirschhock, E./Frank, A.: Der Rundgang durch Hörhausen - Das Nürnberger Erhebungsverfahren zur phonologischen Bewusstheit. Donauwörth 2001
May, P.: Diagnose orthographischer Kompetenz. Zur Erfassung der grundlegenden Rechtschreibstrategien mit der Hamburger Schreib-Probe. Hamburg 1998
Menzel, W.: Grammatik Werkstatt. Kallmeyer 1999
Menzel, W.: Rechtschreibunterricht. Praxis und Theorie – Aus Fehlern lernen, Beiheft zu Praxis Deutsch 69, 1985
Naumann, C. L.: Gesprochenes Deutsch und Orthographie, Frankfurt 1989
Naumann, C.L.: Orientierungswortschatz. Weinheim und Basel 1999
Richter, S.: 189 Wörter für den Rechtschreibunterricht in: Grundschule, Heft 6/2000
Richter, S.: Interessenbezogenes Rechtschreiblernen. Braunschweig 1998
Scheerer-Neumann, G.: Wortspezifisch: Ja – Wortbild: Nein. Ein letztes Lebewohl an die Wortbildtheorie; in: Brügelmann (Hrsg.) 1986, S. 171-185
Sennlaub, G.: Lehrerheft zum Wörterbuch für Grundschulkinder: Von A bis Z, Berlin 1992²
Sennlaub, G.: Von A bis Zett: Wörterbuch für Grundschulkinder, Berlin 1992²
Spiegel, U.: Förderung der Rechtschreibleistung im 3./4. Schuljahr: Fallstudien zur Einführung selbstständiger Lern- und Arbeitsstrategien in den Unterricht, Augsburg 1999
Spitta, G.: Vom Umgang mit Fehlern; in: Die Grundschulzeitschrift, Heft12, 1988, S. 4-12
Steinleitner, U.: Rechtschreibhilfe für die 2.Jgst., Durach 2001
Steinleitner, U.: Rechtschreibhilfe für die 3.Jgst., Durach 2001
Steinleitner, U.: Rechtschreibhilfe für die 4.Jgst., Durach 2001
Steinleitner, U.: Zauberlehrling 2 – Kommentare und Kopiervorlagen, Diesterweg 2000
Valtin, R. (Hrsg.): Rechtschreiben lernen in den Klassen 1 – 6. Beiträge zur Reform der Grundschule, Bd. 109. Frankfurt 2000
vpm – verlag für pädagogische medien. Hamburg

Mitarbeiter an der Handreichung

Arbeitskreis:	Anna Kohlmeier, Mammendorf
	Sabine Küchler, Oberasbach
	Rosie Mester, Erlangen
	Dr. Ute Spiegel, Kissing
	Ute Steinleitner, Durach
Leitung des Arbeitskreises:	Karin Olesch, München
	Ute Steinleitner, Durach (Stellvertreterin)
Grafische Gestaltung, Layout:	Karl Füssl, München
	Anna Kohlmeier, Mammendorf
	Ute Schäfer, Oberstdorf
Gesamtredaktion:	Karl Füssl, München
	Anna Kohlmeier, Mammendorf